ANDREA LIEBERS

„EINE FRAU WAR DIESER MANN“

Die Geschichte der Hildegund von Schönau

eFeF-Verlag

Ich danke Herrn Prof. Dr. Walter Berschin, der mich zu diesem Thema angeregt hat, mir auf alle meine Fragen inspirierende Antwort gab und mich hilfreich unterstützte, Reinhard Störzner, der mit kritischem Rat und hilfsbereitem Einsatz mir den Rücken stärkte. Mein Dank gilt auch Anna Dorothea Süss, die mir Mut machte und mich liebevoll antrieb, ebenso meiner Verlegerin und Lektorin, Brigitte Ebersbach, die mich bei der Arbeit an diesem Buch engagiert und einfühlsam betreute. Besonders danken möchte ich Frau Prof. Dr. Elfriede Stutz, die mir in der Zeit der Fertigstellung des Buches sehr nahe war.

Frontispiz:
Federzeichnung
Schönau, Anfang XVI. Jahrhundert.
Nürnberg, Germanisches Nationalmuseum, Hz 199.

Die Bildunterschrift lautet:

Virgo Hildegundis latitans sub veste virili
Joseph seque vocans habitum petit ordinis almi.

Die Jungfrau Hildegund verbirgt sich unter Männerkleidern,
sie nennt sich Joseph und erbittet das Gewand des segensreichen Ordens.

CIP-Titelaufnahme der Deutschen Bibliothek

Liebers, Andrea:
"Eine Frau war dieser Mann" : die Geschichte der Hildegund
von Schönau / Andrea Liebers. – 1. Aufl. – Zürich : eFeF-Verl.,
1989
ISBN 3-905493-06-3

Erste Auflage 1989

Lektorat: Brigitte Ebersbach
Umschlag: Monika Frei-Herrmann
Satz: Petra Petzold, Heidelberg
Druck: Clausen & Bosse, Leck

Inhalt

Einleitung

„*Femina fuit hic homo* – Eine Frau war dieser Mann!“ Diese Kunde verschlug den Mönchen des Klosters Schönau bei Heidelberg im Jahre 1188 die Sprache. Beim Waschen des soeben verstorbenen jungen Novizen Joseph war entdeckt worden, daß dieser eine Frau war. Zunächst herrschte Ratlosigkeit ob dieses Skandals, dann ging man den mysteriösen Wegen nach, auf denen Joseph alias Hildegund ins Kloster gekommen war, und vor aller Augen enthüllte sich eine abenteuerliche Geschichte:

Auf einer Pilgerreise mit ihrem Vater nach Jerusalem schlüpft Hildegund aus Sicherheitsgründen in Männerkleider. Als ihr Vater plötzlich verstirbt, bleibt sie allein mit dem Diener, der sie um ihr ganzes Hab und Gut bestiehlt, so daß sie die Überfahrt nach Hause nicht bezahlen kann.
In ihrer „Hosenrolle“ tritt sie als weitgereister, sprachgewandter junger Mann in die Dienste eines Klerikers, für den sie in geheimer Mission Briefe des Kölner Erzbischofs zum Papst nach Verona bringt. Unterwegs wird der ahnungslosen und gutgläubigen Hildegund Diebesgut untergeschoben, und ihr droht die Todesstrafe. Doch durch ein Gottesurteil wird ihre Unschuld erwiesen, und der wahre Dieb wird mit dem Strick hingerichtet. Aus Rache entführen die Verwandten des Diebes Hildegund und hängen sie auf. Durch ein Wunder wird sie gerettet, und nach all den Wirrnissen tritt sie – immer noch ihre Identität verschweigend – ins Kloster Schönau ein.

Hildegund wird postum berühmt. Ihre Biographie wurde in kürzester Zeit fünfmal aufgeschrieben: als novellistisches

Exempel, als Gedicht, als Predigt, als Heiligenvita, als Wundergeschichte, und jeder Autor brachte eine neue Nuance in das Bild der Jungfrau ein.
Was für eine Frau war Hildegund, die im XII. Jahrhundert ein solches Unternehmen wagte? Warum war ihre Tat sofort in aller Munde, und warum wurde sie als Wunder von allen gerühmt? Viel eher wäre doch zu erwarten gewesen, daß man Hildegund unterstellt hätte, mit dem Teufel im Bunde zu stehen, schließlich war es für Frauen strengstens verboten, auch nur einen Fuß in ein Männerkloster zu setzen, da die Gegenwart einer Frau die Reinheit der Klosterkirche beschmutzte. Geschah es dennoch, mußten sofort sämtliche Altäre abgeräumt und das Singen der Horen eingestellt werden.

Es hängt sicherlich mit der Besonderheit des XII. Jahrhunderts zusammen, daß Hildegunds ungeheuerliche Tat als Wunder gepriesen wurde. Das XII. Jahrhundert war ein Jahrhundert des fundamentalen Umbruchs: Neue Orden entstanden, die spekulative Philosophie wurde geboren, an den Kathedralschulen stritten sich die Professoren, wie das Wort Gottes zu verstehen sei, der Pflug und die Dreifelderwirtschaft wurden eingeführt, wodurch der mit landwirtschaftlicher Arbeit zu erwirtschaftende Ertrag stieg. Und nicht zuletzt begann das gesamte Menschenbild, sich zu verändern. Bedenkt man, daß Hildegunds Zeitgenossin Hildegard von Bingen in ihren Visionsschriften ein Weltbild proklamierte, dessen Grundgedanken ein Aufeinanderbezogensein von Makrokosmos und Mikrokosmos, Welt und Mensch waren, und daß Hildegard ein Menschenbild entwickelt hat, das Mann und Frau als gleichwertige Partner versteht, dann ahnt man etwas von den Ansätzen zu tiefgreifenden Veränderungen festgefügter Konzepte, die in dieser Zeit hätten geschehen können.

Aber können die Veränderungen im XII. Jahrhundert allein erklären, warum Hildegunds Verhalten positiv bewertet wurde? Oder steckt jenseits der historischen Betrachtungsweise noch etwas anderes hinter dieser Lebensbeschreibung, etwas, was über die engen Grenzen des XII. Jahrhunderts hinausgeht und auch die Aktualität der Geschichte ausmacht? So abgegriffen dieser Satz ist, hier scheint er zu stimmen: Diese Geschichte geht uns auch heute noch etwas an. Nicht weil in ihr Hildegund als Vertreterin einer frühen Frauenbewegung gesehen werden kann – wie man als erstes vielleicht denken könnte –, auch nicht als Karrierefrau oder gar als Mannweib, die nicht wußte, zu welchem Geschlecht sie sich zugehörig fühlen sollte, sondern der Grund, warum diese Geschichte sowohl Hildegunds Zeitgenossen als auch die heutigen Leser berührt, liegt darin, daß Hildegund, obwohl sie sich als Mann verkleidet, doch immer eine Frau bleibt. Sie behält alle Eigenschaften eines jungen Mädchens, sie bleibt schüchtern und ängstlich, wird aber in Krisensituationen plötzlich stark. Stärker als mancher Mann.
Der Reiz der Geschichte ist, daß es eigentlich zwei Geschichten sind: einerseits die von Joseph, der ins Heilige Land fährt, der als Dieb gehängt wird, der im Kloster lebt. Gleichzeitig ist es die Geschichte der Hildegund, die als Frau all diese Dinge erlebt.
Als Leser sind wir ständig auf diesen zwei Ebenen dabei. Wäre es nur die Geschichte des jungen Joseph, wäre sie zwar spannend, würde uns aber weniger ansprechen und bliebe nur eine von vielen Wundergeschichten des XII. Jahrhunderts.

Vielleicht ist es ein überzeitlicher Aspekt, der uns Hildegund nicht so leicht vergessen läßt; denn ihre Geschichte ist das Abbild einer Realität, wie wir sie täglich erleben: Nach außen hin spielen wir alle eine Rolle, aber innerlich fürchtet man sich, daß das Rollenspiel entdeckt wird.

Hildegunds Name setzt sich aus zwei Teilen zusammen: aus althochdeutsch *hilta* oder *hiltja*, was Kampf bedeutet, und aus *gund*, was ebenfalls Kampf, Schlacht heißt (Anm. Wimmer, S. 373). *Nomen est omen*, heißt es. Hilde-Gund ist also die Kämpferin in der Schlacht. Der Autor der Salemer Predigt schreibt, daß Hildegund einen doppelten Kampf geführt habe: gegen den Teufel und gegen ihr eigenes Geschlecht. Vielleicht wurde ihr der Name aber auch erst nach ihrem Tod gegeben. Solche namensetymologischen Verfahrensweisen waren dem Hohen Mittelalter nicht fremd.

Nach der Wiedergabe der Geschichte im ersten Kapitel werden im zweiten Kapitel die einzelnen Vorkommnisse aufgegriffen und unter Hinzuziehung weiterer Quellen ausführlich erläutert, so z. B. Pilgerreisen nach Jerusalem, Gottesgerichte, bei denen Schuld oder Unschuld durch auferlegte Prüfungen erwiesen wird, Wundergeschichten und Frauen in Männerkleidern.
Nach dieser Darstellung mittelalterlicher Lebenswirklichkeit wendet sich das dritte Kapitel dem geistesgeschichtlichen Hintergrund des XII. Jahrhunderts zu, einem Jahrhundert, in dem sich für die Menschen eine neue Welt eröffnet: die Welt des Gefühls. Sie wird anhand paralleler Phänomene wie der Marienverehrung, dem Minnesang und der Mirakelgeschichten beschrieben. Dabei zeigt sich, daß die Fähigkeit zu mehr Emotionalität die Tür zu einem veränderten Frauenbild öffnet. Doch diese Tür wird wieder zugeschlagen, die aufkeimende Individualität des Einzelnen wieder erstickt. Von Hildegunds Aufbruch, die einer Frau auferlegten Beschränkungen zu durchbrechen, bleibt eine brave Klostervita

übrig. Dieser Prozeß wird im vierten Kapitel anhand des Vergleichs der verschiedenen Fassungen nachvollzogen.
Die drei frühesten Fassungen – die Wundergeschichte Engelhards von Langheim, die metrische Version und die Salemer/Paderborner Fassung liegen im Anhang in lateinischer Sprache vor.

I.

Die Hildegund-Geschichte

Schönau ist ein Kloster unseres Ordens.[1] Es liegt nahe am Rhein, ist reich an Besitz, überaus viele Menschen leben dort, und es ist berühmt durch sein strenges Leben gemäß der Klosterregel.

Dorthin kam ein zierlicher junger Mann und bat darum, aufgenommen zu werden. *Sein Name war Joseph* (Lc 1,27). Seinem Wunsch wurde entsprochen, denn er wurde unterstützt durch die Fürsprache einer heiligen Inkluse[2], die alle liebten und der alle dort Lebenden wegen ihrer Heiligkeit vertrauten. Joseph trat also in das Kloster ein, wurde nach der Regel in den Orden aufgenommen und lebte dort als Novize. Dieser Mann war eine Frau. Doch niemand erkannte sie, obwohl ihre häufige Schwäche dies oft unübersehbar machte, zumal gerade bei uns, wo vieles großen Krafteinsatz verlangt. Was hätte sie tun sollen? Sich auf männliche Art verhalten wollte sie nicht, da widersetzte sich die Natur ihres Geschlechts. Von nun an wurde sie sehr schüchtern. Sie begann zu ermatten und verdrießlich zu werden. Ihr war nach Weggehen zumute, nicht weil sie die Zucht und Arbeit nicht ertragen hätte, sondern weil sie glaubte, sie könne ihre Natur nicht

---

[1] Die Erzählung folgt der Fassung Engelhards von Langheim. Alle Übersetzungen sind, sofern nicht anders ausgewiesen, von mir. Bei den Übersetzungen habe ich mich bemüht, keine unzulässigen Modernisierungen vorzunehmen, aber dennoch die Texte unter möglichster Beibehaltung des lateinischen Sprachduktus für heutige Leser verständlich zu machen.

[2] Inklusen sind Männer oder Frauen, die den Entschluß gefaßt haben, sich ihr ganzes Leben lang in eine Zelle einmauern zu lassen (*includere*, einschließen). Gerade im XII. Jahrhundert erlebte auch diese Einrichtung einen großen Aufschwung. Die Zellen der Inklusen waren nicht mehr nur, wie früher üblich, an Kirchen angebaut, sondern standen auch an belebten Plätzen der Städte.

länger verbergen. Zwar war sie noch nicht an so scharfsinnige Beobachter geraten, aber sich vor den Mitbrüdern zu verbergen war nicht leicht, weil es keinen Ort gab, wo sie allein sein konnte. Dies war für sie der einzige Grund, wankelmütig zu werden, sonst gab es keinen. Aber wie hätte man auf die Idee kommen sollen, an ihr etwas Weibliches zu sehen, an ihr etwas Fremdes oder Ungewöhnliches zu beargwöhnen? War es doch in jenen Tagen noch nie vorgekommen, daß eine Frau etwas so Schwieriges versucht hatte. Wäre einem eine solche Tat durch sein eigenes Denken oder durch einen bösen Engel eingegeben, so wäre der Gedanke, kaum, daß er entstanden wäre, sofort bis auf die Wurzel verdorrt. Aufgrund der großen Strenge des Klosters wäre man niemals so weit gegangen, ein Anzeichen oder einen Hinweis auf ein anderes Geschlecht zu bemerken. Dennoch konnte Bruder Joseph nicht sicher sein. Er hatte den Verdacht, beobachtet zu werden. Er fühlte sich ständig hin und her gerissen, und er hatte keinen Trost außer bei Gott und dem Prior. Bei diesem stand er in besonderer Gunst, vor allem weil er ihm von der heiligen Inkluse anvertraut worden war, die man für die einzige Mitwisserin seines Geheimnisses hielt. Aber Gott wollte *den Ängsten ein Ende setzen und jenen hinausführen in die Freiheit* (II Rg 22,20). *Und wirklich, Joseph war dem Tode nahe* (Phil 2,27). Todkrank ließ er den Prior rufen, beichtete ihm alles, nur sein Geschlecht nicht. Er, der eigentlich den Ruhm Gottes schon erlangt hatte, hatte folgendes zu berichten:

„Ach“, sagte er, „ich sterbe; es ist mir verheißen worden, und der, der verheißen hat, betrügt nicht. Ihr werdet an mir etwas finden, was euch in Erstaunen versetzen wird, aber das braucht es nicht. *Großes hat Gott an mir getan* (Lc 1,49). Es wäre würdig gewesen, daß ich seinen Wohltaten entsprochen hätte. Wenn es euch nicht zuviel ist zu hören, will ich euch berichten, was für Wunder Gott an mir gewirkt hat."

„Ich komme von hier", sagte er, „geboren in diesem Land, in der Nähe von Köln. Mein Vater und meine Mutter waren Christen. Meine Mutter starb, und mein Vater, in der Furcht, auch mich zu verlieren, gelobte dem Herrn, mit mir zum heiligen Grab zu pilgern, wenn er mir dafür gnädig das Leben lassen wollte. Er hatte gelobt, und er erfüllte das Gelübde dadurch, daß er auszog und mich – damals war ich noch ein ganz kleines Kind – nach Jerusalem brachte. Wir befanden uns auf dem Rückweg, wir kamen gerade nach Tyrus, dort wurde mein Vater krank, starb und wurde begraben. Wir hatten in unserer Begleitung einen Knecht, in dessen Obhut ich und der Rest des für die Reise bestimmten Geldes übergeben wurde. Er nahm sich unser an und paßte sowohl auf mich als auch auf das Geld auf, auf dieses aber lieber. Eine Zeitlang machten wir Station in Tyrus; es war beabsichtigt, mit dem Schiff von dort aus weiterzufahren.

Die Schiffe lagen vor Anker, die Seeleute luden die Pilger ein zur Fahrt. Am nächsten Morgen wollten sie losfahren und in der Morgendämmerung Anker lichten. Das Nötigste wurde an Bord gebracht, die einzelnen Leute sorgten für sich selbst; auch mein Aufpasser kümmerte sich nur um sich und ließ mich völlig außer acht. Schließlich ging er morgens mit den anderen, nahm meine Habseligkeiten mit, ließ mich aber in der Herberge im Bett zurück. Ich wachte auf, fand nichts, nicht meine Habe, nicht den Gefährten, und auch keinen, der helfen könnte. Ich bettelte, ich redete und wurde nicht verstanden. Häufiger und sehr schlimmer Hunger quälte mich. Ein Jahr verging, allzu lang für mich. Pilger kamen, ich bemühte mich darum, daß sie mich mit zurücknähmen und erzählte die Geschichte Deutschen; alle empfanden Mitleid, keiner half. Endlich nahm ein Adliger mich in sein Gesinde auf und kümmerte sich um mich. Mit ihm bin ich übers Meer gefahren. Mich dort verständlich zu machen, lehrten mich der Hunger und die damit verbundene Notwendigkeit, daß ich betteln mußte. Ich habe mir Mühe gegeben und Lesen und Schreiben gelernt. Das habe ich an den Schulen erbettelt wie an den Türen Brotstücke. Endlich kehrte ich ins Vaterland zurück. Ich kam in diese Gegend hier und fand freundliche Aufnahme bei denen, die mich kennengelernt haben.

Unterdessen wurde vom Papst das Reich in Unruhe gestürzt wegen der Ordination des Trierer Erzbischofs. Der Kaiser zürnte dem Papst. Der Erzbischof von Köln wurde in diesen Streit dadurch hineingezogen, daß er den Papst begünstigte. Das war ja bekannt. Ich möchte davon nur soviel erzählen, wie mich betraf, denn ich geriet bei dieser Sache in Todesgefahr. Es gingen viele Boten und Briefe hin und her, von den Bischöfen zum Papst und vom Papst zu den Bischöfen. Aber dies alles geschah heimlich; denn wenn einer gefaßt worden wäre, wäre er des Verrats und als Feind des Reiches angeklagt worden. Daher wurden die Straßen besetzt, die Kreuzungen bewacht, damit, wenn ein Verdacht auf jemanden hinweisen würde, dieser niemals unangesprochen vorbeiziehen könnte. Dennoch hörte der Austausch der Schreiben nicht auf, und trotz der Gefahr für die Träger wurden die Bewacher mit einer List hintergangen.

Ich war einer der Boten und habe Briefe des Kölner Erzbischofs überbracht. Dazu war ich ausgewählt, und mir gegenüber schien der Argwohn geringer zu sein. Ein Geistlicher, der eigentlich die Briefe tragen sollte, übertrug mir diese

Aufgabe. Dem Überbringer versprach er große Dinge, und dazu gewährte er noch reichlich Reisegeld für den Weg. In einen Pilgerstab wurden die Briefe kunstgerecht versiegelt verschlossen, damit sie keiner leicht erkennen konnte. Jener Geistliche ging unbelastet und sicher voraus. Ich hätte den Schaden auf mich zu nehmen gehabt, wenn ich durchsucht worden wäre. In Verona sollte ich ihm die Briefe wiedergeben. Dort nämlich residierte damals der Papst, aber bis nach Verona gab es nur Furcht."

Wie sie gefaßt und gehängt wurde

„Nicht einmal bis zu den Alpen hat es gereicht. Als ich durch Rätien, eine Provinz Alemanniens, zog, traf ich auf einen Dieb. Dieser schloß sich mir an und fragte, wohin ich denn wolle. Daß ich über die Alpen wolle, sagte ich. Er sagte, das sei auch sein Vorhaben. Wir gingen gemeinsam und siehe da, wir kamen zu einem Wald, nicht gerade groß und leicht zu durchwandern. Wir sahen uns um, und ich sagte: ‚Schau, Männer verfolgen uns; sie sind rasend schnell.' Sie waren von einem Dieb geschädigt worden, und ihre Sachen waren im Sack meines Begleiters. Und so sagte er zu mir: ‚Setz dich auf diesen Sack, bis ich zu dir zurückkomme.' Er ging in den Wald und versteckte sich dort. Er wollte warten, bis sie vorbeigegangen wären. Aber das war nicht leicht für mich. Sie kamen zu mir, erblickten den Sack, stießen mich von ihm herunter und fanden ihre Habe, die in ihm steckte. Sie prügelten mich ohne Erbarmen. Obwohl ich laut schrie, daß ich unschuldig bin, wurde ich noch furchtbarer geschlagen, an den Händen in Fesseln gebunden, an meinem Diebsgut festgemacht und unter häufigen Hieben zum Gerichtshof gescheucht. Ich wurde dem Richter vorgeführt, angeklagt, und – der Fall lag klar, es gab kein Ableugnen – ich wurde durch seinen Urteilsspruch zum Galgen verurteilt. Man gab mir eine Frist zum Beichten, ein Priester wurde mir gebracht, und ich bekannte meine Sünden. Über das vorliegende Verbrechen schwieg ich. Danach gefragt, stritt ich es ab und erzählte, wie die Sache geschehen war und daß die päpstlichen Briefe im Stab als Beweis dienen könnten. Man suchte und fand den Stab und darin den Beweis für die Wahrheit. Der Priester sorgte dafür, daß einer ausgeschickt wurde, den Hain zu durchkämmen und den Dieb zu suchen. Ich wurde bewacht, jener gefaßt. Vor Gericht geführt, leugnete er, etwas über den Vorfall zu wissen. Der Sack gehöre ihm nicht, sein Leben stehe ungerechterweise wegen einer Sache, von der er nichts wisse, auf dem Spiel.

Der Priester verhandelte für mich und sagte: ‚Ein Gottesurteil soll beide prüfen, es allein wird in dieser Angelegenheit nicht täuschen. Wen Gott als den Unschuldigen zeigt, der soll frei gehen, damit jetzt kein Unschuldiger zugrunde gehe und *Gott (sein Blut) nicht von eurer Hand fordere*‘ (Gn 9,5). Alle waren einverstanden. Es kam zum Gottesurteil. Die Wahrheit wurde durch glühendes Eisen erwiesen. Wir trugen jenes, aber ich wurde für unschuldig, er für schuldig befunden, und er bekam das über mich gefällte Urteil ‚Hängen‘ zuerteilt. Ich wurde ins Haus des Priesters geschickt und ruhte mich aus. Er hing am Galgen. Als seine Eltern und einheimischen Verwandten hörten, daß ich dort sei, entführten sie mich mit Gewalt, holten ihren Angehörigen herunter und hängten mich ohne Richter und Urteil an der gleichen Stelle wieder auf. So hing ich drei Tage, und es gab keinen, der mich begraben hätte.“

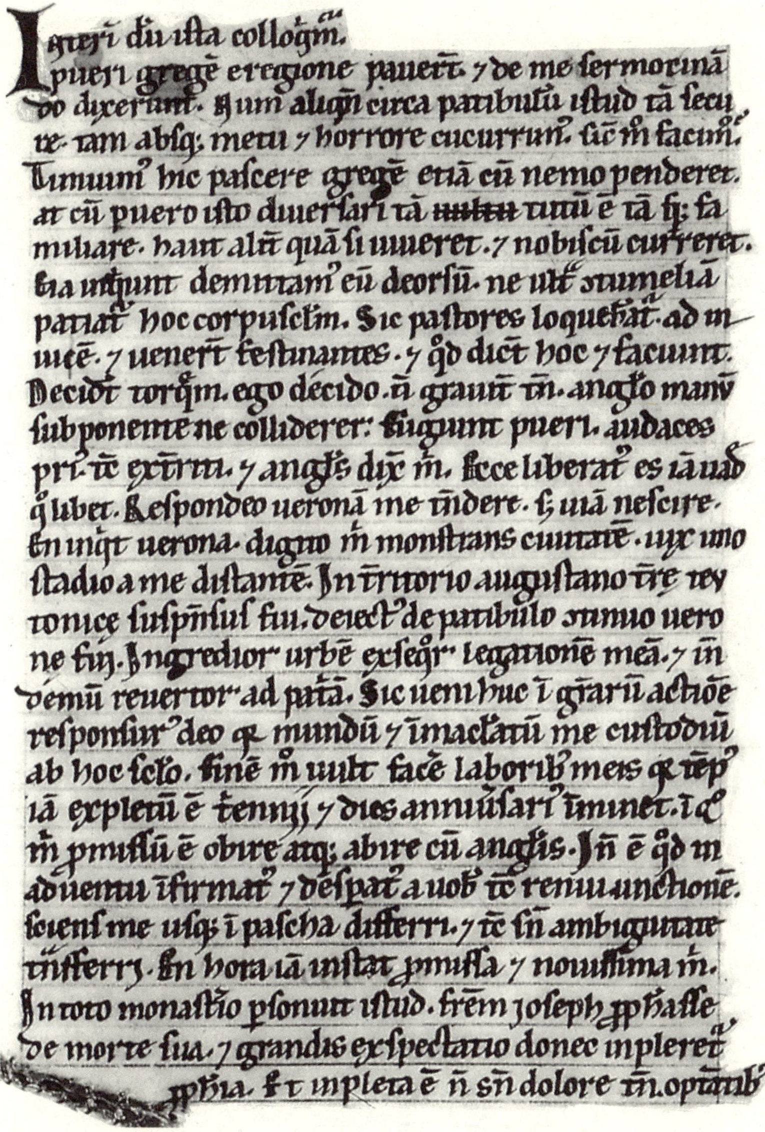

Igeri dū ista colloqm̄.
pueri gregē e regione pauerīt. 7 de me sermocinā
do dixerunt. Dum aliqn̄ circa patibulū istud tā secu
re. tam absq; metu 7 horrore cucurrim⁹. sic m̄ facim⁹.
Timuim⁹ hic pascere gregē etiā cū nemo penderet.
at cū puero isto diuersari tā ~~[illegible]~~ tutū ē tā s; fa
miliare. haut aliī quā si uiueret. 7 nobiscū curreret.
Eia inquiūt demittam⁹ eū deorsū. ne ult⁹ contumeliā
patiat⁹ hoc corpusclm̄. Sic pastores loquebāt⁹. ad in
uicē. 7 uenerīt festinantes. 7 qd dict hoc 7 faciunt.
Decidit torqm̄. ego decido. n̄ grauit t̄n. angło manū
subponente ne colliderer. Fugiunt pueri. audaces
prī. tc exterriti. 7 angłs dix m̄. Ecce liberat⁹ es iā uad
q̄ libet. Respondeo ueronā me tendere. s; uiā nescire.
En inqt uerona. digito m̄ monstrans ciuitatē. uix uno
stadio a me distantē. In t̄ritorio augustano tre tex
tonice suspēsus fui. deiect⁹ de patibulo summo uero
ne fui. Ingredior urbē exseqr legationē meā. 7 in
demū reuertor ad patā. Sic ueni huc ī grarū actiōe
responsur⁹ deo q mundū 7 īmaclatū me custodiu
ab hoc sclo. finē m̄ uult face laborib⁹ meis q tēp⁹
iā expletū ē tenni; 7 dies anniūsari īminet. Id
m̄ pmissū ē obire atq; abire cū angłis. Jn ē qd in
aduentu īfirmat⁹ 7 despat⁹ a uob tc renui unctionē.
sciens me usq; ī pascha differri. 7 tc sn̄ ambiguitate
t̄nsferri. En hora iā instat pmissa 7 nouissima m̄.
In toto monastio psonuit istud. frēm joseph pphasse
de morte sua. 7 grandis exspectatio donec impleret
pphia. Et impleta ē n̄ sn̄ dolore t̄n. optantib⁹

Blatt aus der Hildegund-Geschichte Engelhards von Langheim

Prüfening, Ende XII. Jahrhundert.
München, Bayerische Staatsbibliothek, clm 13097, fol. 166r.

Wie ein Engel Gottes kam und ihr half

„Als jedoch die menschliche Hilfe ausblieb, war göttliche zur Stelle, und ein guter Engel wurde mir zum Trost geschickt. Dieser ließ sich am Galgen nieder, hielt mich an der Taille, schob seine Füße unter meine, tröstete und stärkte mich und machte mich trunken durch den Geruch und Geschmack seiner ganzen Lieblichkeit. Dann am dritten Tag hörte ich gegen Abend jubelnde Chöre mit lieblicher Stimme und süßester Melodie. Ich war bestürzt und ganz erstarrt. Da fragte mich der Engel, ob ich etwas höre. Ich antwortete, daß ich wohl höre, aber nicht verstehe. Dann sagte jener: ‚Was es bedeutet, werde ich dir erklären. Deine Schwester Agnes ist soeben gestorben, und die Engel tragen frohlockend ihre Seele in die Höhe. Nach drei Jahren werden sie dich auf ähnliche Weise in ihre Gemeinschaft aufnehmen.‘“

Wie sie vom Galgen heruntergeholt wurde

„Inzwischen, während wir dies beredeten, hüteten Jungen aus der Gegend ihre Herde und sprachen von mir: ‚Sind wir jemals um diesen Galgen so sicher, so frei von Furcht und Schrecken herumgelaufen, wie wir es gerade tun? Wir haben uns immer gefürchtet, hier unser Vieh weiden zu lassen, sogar wenn niemand am Galgen hing. Aber mit diesem Jungen hier zu sein, ist so sicher, so vertraut, es ist nicht anders, als wenn er lebte und mit uns hier zusammen herumspringen würde.‘ ‚Auf‘, sagten sie, ‚laßt uns ihn herunterholen, damit dieser kleine Körper nicht weiterhin Schmach und Schande erleidet.‘ *Es sprachen die Hirten also miteinander und sie kamen eilend* (Lc 2,15). Und was sie gesagt hatten, taten sie auch. Sie schnitten die Schlinge durch. Ich fiel zu Boden, aber dennoch nicht mit ganzer Wucht, weil der Engel seine Hand darunterhielt, damit ich nicht verletzt würde.

Die Jungen, vorher mutig, flohen jetzt erschreckt, und der Engel sagte mir: ‚Sieh, du bist frei, jetzt geh, wohin du möchtest.' Ich antwortete ihm, daß ich nach Verona unterwegs sei, aber den Weg nicht wüßte. ‚Da hast du Verona', sagte er und zeigte mir mit dem Finger eine Stadt, kaum zweihundert Meter von mir entfernt. Im Augsburger Gebiet auf deutschem Boden war ich aufgehängt worden. Im selben Moment, als ich vom Galgen herunterfiel, war ich in Verona. Ich ging in die Stadt, führte meinen Botendienst aus und kehrte von da endlich zurück in die Heimat. So kam ich hierher, um Gott Dank zu sagen, weil er mich *rein und unbefleckt bewahrt hat durch die Abwendung von dieser Welt* (Iac 1,27). Nun will er meinen Mühen ein Ende machen, *denn schon ist die Zeit* – drei Jahre – *erfüllt* (Gn 29,21), und der Jahrestag steht bevor, an dem mir verheißen wurde, zu sterben und mit den Engeln heimzugehen. Daher kommt es, daß ich bei meiner Ankunft von euch die letzte Ölung abgelehnt habe, obwohl ich krank und verzweifelt war, da ich wußte, daß ich bis Ostern noch leben würde. Jetzt aber steht die verheißene und für mich letzte Stunde bevor."

Im ganzen Kloster sprach man davon, daß Bruder Joseph seinen Tod vorhergesagt habe, und die Erwartung war groß, ob sich die Prophezeiung erfüllen würde. Und sie hat sich erfüllt, wenn auch nicht ohne Schmerz, denn alle wünschten, daß er am Leben bliebe, weil sie noch etwas Großes von ihm erwarteten. Diese Hoffnung, die ihren Gebeten vorauseilte, brachte sie alle zusammen, aber das, was man erhoffte, daß es erst später geschehen werde, zeigte sich schon bald an Joseph erfüllt: Joseph starb, wie er es vorausgesagt hatte,

und was das Recht eines Christen ist (die letzte Ölung), nahm er an und wurde von Christus aufgenommen in den Duft der himmlischen Süße und heimgeführt von den Engeln des Friedens. Am Ostermittwoch, als man sich gerade vom Tisch erhoben hatte, war Joseph *zum Tisch des Lammes gerufen worden* (Apc 19,17). Und zum Begräbnis gerufen, kamen alle zusammen. Man hob, wie es üblich ist, den zarten Körper auf, er wurde zum Waschen entkleidet, allerdings nur von wenigen und nur für kurze Zeit. Dann wurde er sofort mit Staunen und mit Verwunderung wieder zugedeckt. Schließlich enthüllte die Kunde es allen: Eine Frau ist es, die gestorben ist. Und im Totengebet, das der Abt in der Zwischenzeit vorbereitet hatte, wurde das Geschlecht von männlich in weiblich umgeändert. Es staunten alle, die Latein konnten, als sie hörten, daß für eine Frau gebetet wurde, und unter tiefen Seufzern bewunderten sie die Kraft Christi, durch dessen Liebe und Hilfe sie, diese gebrechliche Frau, ihr Geschlecht vergessen, einen Kampf aufgenommen und über den bösen Feind den Sieg errungen habe.
Die Kunde drang zu den Laien: Sie waren völlig aufgewühlt, wunderten sich und noch mehr staunten sie, daß in einem so zarten Mädchen die Tugend Gottes und die Weisheit Christi dem Teufel einen Streich gespielt hatte. Und was dem Prior *im Finstern* gesagt worden war, das redete er nun *im Lichte*; *was* jeder *ins Ohr* hörte, das predigte er nun *auf den Dächern* (Mt 10,27). Von allen gelobt und in seinen Gaben gepriesen wurde Gott.

Ich glaube, daß dies ein Lob auf unseren Orden ist – welcher Art auch immer –, nämlich daß die Jungfrau Christi, obwohl sie durch so viele Kämpfe erschöpft war, dennoch nicht besiegt wurde. Weil sie von einem Engel den Zeitpunkt ihres Todes erfahren hatte, glaubte sie, daß es nirgend sicherer und für Gott löblicher wäre, als in unserer Gemeinschaft zu sterben. Tapfer, wenn auch nicht lange im Krieg, kämpfte sie schwere Kämpfe, damit ihrem König der Ruhm wachse, so wie es geschieht, wenn ein schwächerer Krieger über einen starken Feind den Sieg davonträgt.

Ich wollte diese Geschichte als Wunder für die Frauen und für die Männer als Beispiel erzählen, damit jene sich rühmen und diese sich schämen sollen. Ich wollte zeigen, daß es heute nicht an Frauen fehlt, die für Christus Tapferes wagen, wo doch der größte Teil der Männer sich weiblicher Schwäche überläßt. Dennoch würde ich keiner Frau zu Ähnlichem raten, weil zwar viele die gleiche Tapferkeit besitzen, aber nicht die gleichen Lebenssumstände. Und in der entscheidenden Schlacht fällt oft der Tapferere, wo der Schwächere siegt.

Im Kloster haben wir einen Zeugen für diesen Bericht, der beim Tod und beim Begräbnis des Mädchens mit dabei war. Er berichtete uns, was er selbst gehört und gesehen hatte. Nun, das Ereignis geschah an Ostern dieses Jahres, welches das Jahr 1188 nach Christi Geburt ist. Übrigens wollte der Abt, begeistert durch die Neuheit des Geschehens, das Leben des Mädchens gründlicher erforschen und machte sich auf, es von der Inkluse herauszubekommen, um es selbst niederzuschreiben. Unterdessen, wenn ihr wollt, behaltet meine Geschichte, bis seine allgemein bekannt ist. *Ich* für meine bescheidenen Möglichkeiten *gebe wenigstens* Haare von einem *Ziegenbock* in den Tabernakel Christi, weil ich nichts Besseres habe (vgl. Ez 43,20). Im übrigen will ich nicht über die, die kostbare Gaben opfern, im voraus urteilen, sondern ich trete zurück, gebe nur Kund und erfülle meinen Teil, indem ich rühme.

Nachdem die Begräbnisfeierlichkeiten zu Ende waren, kam die Unschlüssigkeit, welchen Namen man ihr geben sollte – das hätte man fast vergessen –, wieder auf, als ihr Tod durch ein Schreiben zum Gebet empfohlen werden mußte, weil Joseph ja einen Mann und nicht eine Frau bezeichnet. So setzte der Abt aller Zweideutigkeit ein Ende: Er veranlaßte, daß ‚Magd Gottes' geschrieben wurde, wie es der Wahrheit entsprach. Unter dieser Bezeichnung kam die Nachricht über ihren Tod auch zu uns, denn es stand geschrieben: 20. April, die Magd Gottes…

II.

Josephs Abenteuer

Einzelne Episoden in Hildegunds Lebensgeschichte sind „typisch mittelalterlich" und deswegen für uns fremd. In diesem ersten Kapitel werden Josephs Abenteuer zum Ausgangspunkt genommen, um durch das Hinzuziehen weiterer Quellen in die Denkweise des Hochmittelalters einzuführen.

Die Reise nach Jerusalem

Hildegund fährt mit ihrem Vater wegen eines Gelübdes in die Heilige Stadt Jerusalem. Aus der Klostervita erfahren wir die Nuance, daß Hildegunds Eltern keine Kinder bekamen, obwohl sie es sich sehnlichst wünschten. Der Vater gelobte, daß er, falls ihre Wünsche in Erfüllung gingen, zum Dank eine Pilgerreise nach Jerusalem unternehmen wollte. So kam es also zu dieser Reise nach Jerusalem, die im Mittelalter gleichbedeutend war mit einer Reise zum Mittelpunkt der Erde.

Im Zentrum aller mittelalterlichen Weltkarten liegt Jerusalem: die Stadt des Heils, der Erlösung, das Bild des himmlischen Jerusalem, vom dem gesagt wird, daß es vom Himmel herabsteigen wird, wenn das Reich Gottes anbricht.

> Haec dicit Dominus Deus: Ista est Hierusalem, in medio gentium posui eam, et in circuitu eius terras. (Ez 5,5)
>
> Dies spricht Gott der Herr: Dieses ist Jerusalem, in die Mitte der Völker habe ich es gestellt, um es herum die Länder.

Wer nach Jerusalem pilgerte, machte sich zur Stätte des ewigen Heils auf, zum irdischen Paradies, das in einem fernen Land lag. So berichtet Engelhard von Langheim von einem Jerusalempilger:

> Transfretavit, intravit terram sanctam sanctamque civitatem, sanctum sepulchrum et templum Domini venerabiliter circuivit, fide salutavit, affectu coluit, sacrificiis honoravit. Omnes quoque memorias veneratus et deosculatus est, ubi aliquid operatus monstrabatur Dominus Jesus, et adorabat in loco, ubi steterunt pedes eius. (Oppel, S. 131)
>
> Er fuhr übers Meer, betrat das heilige Land und die heilige Stadt, ging um das heilige Grab und den Tempel des Herrn ehrerbietig herum, begrüßte es im Glauben, verehrte es voller Gefühl und ehrte es mit Opfern. Auch alle Erinnerungsstätten, an denen der Herr Jesus gewirkt hatte, verehrte er und küßte sie ab, und er betete an dem Ort, wo seine [Jesu] Füße gestanden hatten.

Sicherlich waren die meisten Jerusalempilger fest davon überzeugt, daß sie auf die herrlichste Stadt treffen würden, die sie je gesehen hatten, denn so heißt es in der Bibel:

> Die Tore Jerusalems werden aus Saphir und Smaragden gebaut werden, und aus kostbaren Steinen der ganze Umkreis seiner Mauern. Mit glänzenden und reinen Steinen werden alle seine Straßen gepflastert sein, und auf seinen Gassen wird man Aleluja singen. (Tb 13,21-23)

Wie überhöht dieses Bild war, wird deutlich, wenn man sich vergegenwärtigt, daß Jerusalem eine staubige, von der Sonne ausgedörrte Wüstenstadt ist. Aber es ging ja auch nicht um das irdische Jerusalem, sondern um das himmlische, das die Realität verklärte.

Die Situation wird von Rodulfus Glaber wie folgt geschildert:

> Per idem tempus ex universo orbe tam innumerabilis multitudo cepit confluere ad Sepulcrum Salvatoris Iherosolimis quantam

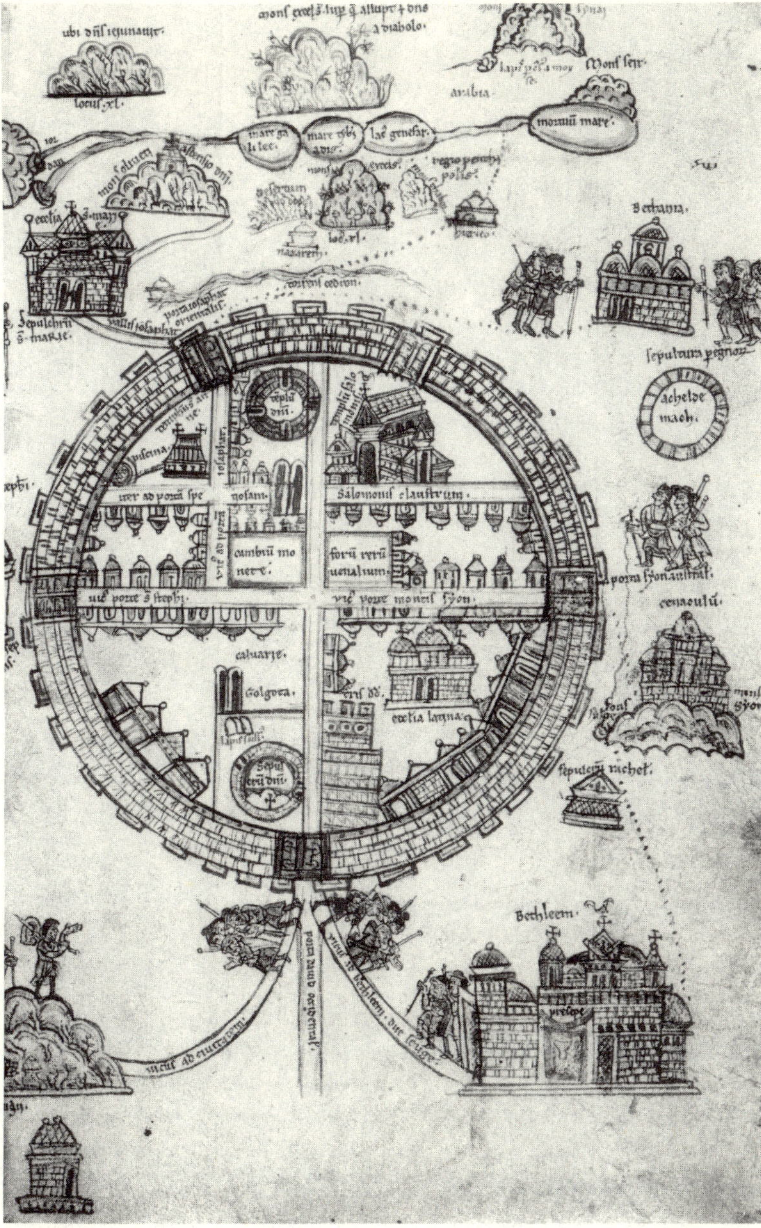

locus xl.
arabia.
Bethania.
sepultura peregrinorum.
achelde mach.
Salomonis claustrum.
cambiū mo nete.
forū rerū venalium.
porta syon antiqua.
cenaculū.
mons syon.
calvarie.
Golgota.
sepulcrū rachel.
Bethleem.
presepe.

Jerusalem

Jerusalemkarte aus einem Collectar.
Brüssel, 2. Hälfte XII. Jahrhundert.
Brüssel, Bibliothèque Royale, Ms 9823-9824, fol. 157^r

Auf dem Bild ist die Stadt Jerusalem zu sehen, deren Grundriß man sich in der Form eines viergeteilten Kreises vorstellte. In der Umgebung der Heiligen Stadt sind Bethlehem (rechts unten) und verschiedene andere heilige Stätten zu erkennen: u. a. das Grab Rahels, der Berg Sion, Bethanien, Jericho, Nazareth, das Mariengrab.

Innerhalb der Stadt sieht man im rechten oberen Quadranten den „Tempel Salomons", ganz oben den „Tempel des Herrn", dem Golgatha und sein Grab gegenübergestellt sind.

nullus hominum prius sperare poterat. Primitus enim ordo inferioris plebis, deinde vero mediocres, post hec permaximi quique reges et comites, marchiones ac presules, ad ultimum vero, quod numquam contigerat, mulieres multe nobiles cum pauperioribus illuc perrexere. Pluribus enim erat mentis desiderium mori priusquam ad propria reverterentur. (Rodulfus Glaber, S. 106)

Zur selben Zeit begann eine so unzählbare Menge aus der ganzen Welt zum Grab des Heilands in Jerusalem zusammenzuströmen, wie es kein Mensch früher hatte hoffen können. Zuerst der Stand des niedrigen Volkes, dann der mittlere, und dann auch die größten Könige und Grafen, Markgrafen und hohe Geistliche, und zuletzt, was noch niemals geschehen war, viele adlige Frauen, die zusammen mit ärmeren Frauen dahin aufbrachen. Die meisten hatten nur den einen Wunsch im Herzen, nämlich eher zu sterben als nach Hause zurückzukehren.

Ein Grund für die oft völlig unbedachte und unvorbereitete „Reise" ins Heilige Land mag auch der Beschluß des I. Laterankonzils (1123) gewesen sein, der allen Jerusalempilgern den Ablaß ihrer Sünden in Aussicht stellte.

Eis qui Hierosolymam profiscuntur ...suorum peccatorum remissionem concedimus. (Schmugge, S. 62, Anm. 274)

Denen, die nach Jerusalem pilgern, erweisen wir die Vergebung ihrer Sünden.

Kritische Stimmen machten jedoch auf den Mißbrauch der Pilgerreisen aufmerksam. So antwortete Honorius Augustodunensis einem Schüler, der sich nach dem Nutzen von Pilgerreisen erkundigte, daß es besser sei, das Geld den Armen zu geben. Er wirft den Wallfahrern vor, sie reisten nur aus *curiositas*, aus Neugierde und aus *laus humana*, Eitelkeit (Honorius Augustodunensis, Sp. 1152 B-C).

Der Glaube, es genüge, einfach dagewesen zu sein, schien in den Herzen der Menschen schon immer bestanden zu haben. Denn schon 700 Jahre vorher warnte Hieronymus vor demselben Fehlschluß:

> Non Hierosolemis fuisse, sed Hierosolemis bene vixisse laudandum est. (Hieronymus, Brief 58, S. 529)

> Nicht in Jerusalem gewesen zu sein, sondern in Jerusalem gut gelebt zu haben, ist zu loben.

Für Hieronymus war das wahre Jerusalem, der wahre Tempel Gottes, nur im Innern zu finden, egal wie oft man in die Heilige Stadt gepilgert war. Wenn man den wahren Tempel im eigenen Innern nicht gefunden habe, so Hieronymus, habe man nichts gefunden.

Pilgerschaft

Obwohl Jerusalem das Hauptziel für die Pilgerreisenden war, wurden auch andere Pilgerstätten aufgesucht. Ganz Europa war im XII. Jahrhundert mit heiligen Stätten übersät. Meist trat man die Pilgerreisen in Gemeinschaften an. So war man vor Überfällen, die damals an der Tagesordnung waren, etwas sicherer. Oft waren es Kranke, Blinde, Stumme, die sich Heilung von ihren körperlichen Gebrechen erhofften. Aber auch Leute, die einfach um Schutz und Beistand baten. Der mittelalterliche Mensch glaubte an die Wunderkraft heiliger Personen. Deswegen waren in jeder Heiligenvita die Wundertaten aufgezählt, die die Heiligen zu ihren Lebzeiten oder nach ihrem Tod vollbrachten[1]. Die von den Heiligen berührten oder benutzten Gegenstände (Kleider, Schuhe, Geschirr, usw.) trugen deren Kraft in sich. Höchste Kraft und Heiligkeit besaßen natürlich Dinge, die Jesus berührt hatte: das Kreuz, das Leichentuch und auch der Sand, den seine Füße betreten hatten.

Da in den Gebeinen der Heiligen die göttliche Wirkkraft erhalten blieb, waren Reliquien ein sehr begehrtes Objekt. Dies ging soweit, daß man sich nicht davor scheute, einem Heiligen beim Tod etwas nachzuhelfen, nur um in Besitz seiner sterblichen Überreste zu kommen (Dalarun, S. 174ff). Durch das Berühren der Reliquien wurde die Kraft Gottes auf den Berührenden übertragen. Auf diese Weise wurden Krankheiten geheilt, Dämonen ausgetrieben, Kindersegen beschert. Dazu zwei Beispiele aus der Lebensgeschichte der Heiligen Hildegard von Bingen (1098-1179):

> Es darf nicht übergangen werden, daß Kranke, denen man Haar- oder Stoffpartikel von Hildegard auflegte, die frühere Gesundheit wiedererlangten. So lag die Gattin des Schultheißen von Bingen lange in Geburtswehen. Man gab schon ihre Leben auf, eilte schnell zum Kloster der Jungfrau Gottes und fragte, ob man der schwer Leidenden mit etwas zu Hilfe kommen könnte. Die Nonnen gaben ihr einen Teil von Hildegards Haaren, den sie einst aufbewahrt hatten, und rieten, sie der Gebärenden auf die bloße Haut zu legen. Als das geschah, ging die Geburt glücklich vonstatten, und die Frau wurde vom Tod errettet. (Leben der Hildegard, S. 105f.)

---

[1] Eine Person konnte nur dann heiliggesprochen werden, wenn sie mindestens drei Wunder, die auf ihre Echtheit hin geprüft worden waren, vollbracht hatte.

> Im Bistum Trier kam Lutgart, ein vornehmes Mädchen, fast um vor leidenschaftlicher Liebe zu einem jungen, sehr schönen Mann. Denn die Obhut, unter der sie stand, machte es ihr unmöglich, ihre sinnliche Leidenschaft zu befriedigen. Ihre Eltern erkannten den Grund ihrer Schwäche, erbaten voll Vertrauen durch einen Boten von der Heiligen Jungfrau [Hildegard von Bingen] Rat und Hilfe und durften erfahren, daß ihr Herzenswunsch wirksam erhört wurde. Nach vorausgeschicktem Gebet segnete Hildegard unter Tränen Brot von ihrem Tisch und schickte es dem Mädchen. Man reichte es ihr zu essen, worauf die Leidenschaft sofort erlosch. (Leben der Hildegard, S. 104f.)

Die Kraft des Heiligen war immer anwesend, ebenso wie die seiner Gegenspieler, des Teufels und seiner Gehilfen, den Dämonen. Mit ihnen konnte der Mensch in Kontakt treten und Verträge mit ihnen schließen. Eine Jungfrau, befragt, wie sie mit dem Teufel in Verbindung getreten sei, erzählte:

> Novorum cupida maleficis me coniunxi, a quibus instructa sacrarum altare conscendi et supra consistens inde desilii et hec verba dixi: Christianitati mee renuntio et de circo Dei in circum diaboli transeo. Sic assignata et confirmata sum illi et ille in omnibus abest michi socius voti, cooperator facti, completor desiderii. (Oppel, S. 140)

> Ich habe mich neugierig mit Zauberern verbunden, von denen ich unterwiesen worden bin. Ich bin auf den heiligsten Altar gestiegen, habe mich daraufgesetzt, bin von dort herabgesprungen und habe folgende Worte gesagt: „Ich entsage dem christlichen Glauben und gehe aus dem Kreis Gottes hinüber in den Kreis des Teufels." So bin ich angewiesen worden, und ich bin für jenen stark, und jener ist in allem für mich da als mein im Pakt Verbündeter, der Mitwirker meiner Taten und der Erfüller meiner Wünsche.

„Fremde beherbergen“

Glasmalerei aus der Nordrose des Freiburger Münsters.
Freiburg i. Br. um 1250.

Diese Rundscheibe von 85 cm Durchmesser zeigt die Barmherzigkeit, personifiziert durch eine vornehme Frau. Sie führt einen Pilger, erkennbar durch seinen Pilgerhut und -stab, sanft aber bestimmt in die Herberge.

Ebenso gab es Schutzverhältnisse mit Heiligen, in die man sich gegen Entgeld begeben konnte. Der Heilige war dann verpflichtet, einer unter seinem Schutz stehenden Person zu helfen. Wenn der Schutz ausblieb, konnte man solche Verträge auch aufkündigen (Rendtel, S. 80ff.).

Die mittelalterliche Welt war eine Welt christlicher Magie, die anderen Kausalitäten folgte als unsere rationale Epoche. Krankheiten z. B. hatten ihre Ursache in sündigem Verhalten und konnten so durch Buße eher geheilt werden als durch medizinische Hilfe. Je mehr man im Einklang mit dem göttlichen Willen stand, desto positiver wirkte sich dies auf das eigene harmonische Leben aus.

Gottesgerichte

In der Hildegund-Geschichte überließen die bestohlenen Augsburger, als sie nicht feststellen konnten, wer der Dieb war, das Urteil der höchsten Autorität, Gott. Hildegund und der Dieb mußten ein glühendes Eisen tragen. Die Hand des Diebes wurde verbrannt, die von Hildegund blieb unverletzt. Der Dieb wurde am Galgen gehängt, Hildegund war frei. Im Frühen und Hohen Mittelalter wurden Gottesgerichte immer dann angewandt, wenn der Täter durch gerichtliche Nachforschungen nicht ermittelt werden konnte. Auf diese Weise glaubte man, auch vor Meineiden, Bestechungen und Falschaussagen sicher sein zu können. Denn Gott ist der, der weder Täuschen noch Getäuschtwerden kennt, heißt es in der Hildegund-Geschichte.

Es gab ganz unterschiedliche Gottesgerichte: So z. B. die Feuerprobe, bei der die Angeklagten ein glühendes Eisen tragen, über glühende Pflugscharen gehen oder einen Gegenstand aus einem Kessel mit kochendem Wasser fischen mußten. Verbrannten sie sich dabei, war ihre Schuld bewiesen. Aber auch wenn die Brandwunde nur schwer heilte und zu eitern begann, waren sie der Schuld überführt. Zu diesem Zweck wurden ihnen die verbrannten Hände für drei Tage verbunden und mit Wachs versiegelt, damit durch keine Hilfsmittel (Salben u. ä.) dem Heilungsvorgang nachgeholfen werden konnte.

Bekannt ist der Fall der Kaiserin Kunigunde († 1033), von der berichtet wird, daß sie die eheliche Treue ihrem Gemahl Kaiser Heinrich II. gegenüber durch den Gang über glühende Pflugscharen bewies.

Auch Isolde, die Gattin König Markes und Geliebte Tristans, mußte sich – aus dem gleichen Grund – einer Feuerprobe unterziehen. Gottfried von Straßburg, der Autor des Versepos *Tristan und Isolde*, entstanden um 1200, gibt Isoldes Rede vor dem Gottesgericht wieder:

> Hört, was ich beschwören will:
> daß niemals irgendein Mann meinen Körper
> kennenlernte
> und daß niemals
> weder in meinen Armen noch an meiner Seite
> außer Euch[2] ein lebender Mann gelegen hat,
> abgesehen von jenem, für den ich nicht schwören und den
> ich nicht abstreiten kann,
> den ihr mit eigenen Augen
> in meinen Armen saht,

---

[2] Gemeint ist König Marke, ihr Gemahl.

Pflugscharprobe der Kaiserin Kunigunde

Titelbild der Kunigundenvita.
Bamberg, frühes XIII. Jahrhundert.
Staatsbibliothek Bamberg, R. B. Msc. 120, fol. 32v.

Auf dieser ältesten Darstellung des „Kunigundenwunders" ist die Kaiserin zu sehen, wie sie ohne Verletzung barfuß über die glühenden Pflugscharen schreitet. Sie wird von zwei Bischöfen geleitet. Links sitzt der Kaiser. Im unteren Bild ist die Abbitte des Kaisers dargestellt.

dem armen Pilger[3].
Gott der Herr möge mir verhelfen
und alle Heiligen, die es gibt,
zu meinem Glück und Heil
bei diesem Gottesurteil! ...
Der König erwiderte ...
„Nehmt nun das Eisen in die Hand,
und bei allem, was ihr uns eben gesagt habt,
möge euch Gott in dieser Bedrängnis beistehen!“
“Amen!“, sagte die schöne Isolde.
In Gottes Namen faßte sie es an
und trug es, ohne sich zu verbrennen.
(Krohn, Bd. 2, S. 347-349)

Eine andere Methode, den Schuldigen zu überführen, war die Wasserprobe. Der Angeklagte wurde gefesselt und unter Wasser getaucht. Wer unschuldig war, tauchte unter und wurde dann von alleine wieder nach oben getragen; den Schuldigen nahm das Wasser erst gar nicht an, er blieb an der Oberfläche.
Die Probe durch Erde war weniger gebräuchlich. Hierbei, so lesen wir bei Nottarp, „wurde ein von der Erde aufgeschnittener Grasstreifen untergraben, so daß er an den Enden hängenblieb, und wer durch den so gebildeten Gang hindurchschritt, ohne daß der Rasen über ihm zusammenstürzte, wen also die Erde ohne Widerspruch aufnahm und nicht verschüttete, der war rein“ (Nottarp, S. 26ff.).
Das Gottesurteil durch Zweikampf beruhte auf der Ansicht, daß der Unschuldige und nicht unbedingt der Stärkere mit Gottes Hilfe siegt: Als Beispiel dafür diente im Mittelalter der Kampf Davids gegen den Riesen Goliath.

---

[3] Ein Pilger – es war der verkleidete Tristan – hatte Isolde vom Schiff, mit dem sie gelandet war, getragen, und war absichtlich hingestürzt. Damit war sie in den Armen Tristans gelegen, sie schwört also die Wahrheit.

Wie „normal“ Gottesgerichte im Mittelalter waren, sieht man an den vielen Wendungen, die der Praxis der Gottesgerichte entstammen und die noch im deutschen Sprachgebrach erhalten sind: Zum Beispiel will man sich nicht „die Finger verbrennen“ und läßt bei Situationen, die keinen guten Ausgang versprechen, besser „die Finger davon“. Ebenfalls in den Bereich der Feuerprobe zu verweisen sind auch die Wendungen „für jemanden seine Hand ins Feuer legen“ oder „für jemanden durchs Feuer gehen“. Wendungen wie „ihm bleibt der Bissen im Hals stecken“ oder „keinen Bissen herunterkriegen“ stammen aus dem Bereich der Bißprobe: Ein vorher gesegnetes Brot o. ä. mußte heruntergeschluckt werden. Wenn das mißlang, war damit die Schuld bewiesen. Unschuldig dagegen war, „wer Gift darauf nehmen konnte“.

Daß Gottesurteile häufig angewendet wurden, kann man daran sehen, daß sie explizit auch in den Stadtrechten des Hohen Mittelalters angeführt sind, so in Straßburg 1129, Köln 1169, in Worms und Speyer noch im XII. Jahrhundert, in Münster und Bielefeld 1214. Auch die Rechtsbücher des XIII. Jahrhunderts wie der Sachsen- und der Schwabenspiegel halten noch an den Gottesurteilen fest. Allerdings erbrachten die Gottesurteile nicht immer den gewünschten Ausgang. Petrus Cantor (1120/30-1197) berichtet von zwei Pilgern:

> Duo Anglici peregre profecti sunt, et in reditu alter divertit ad Sanctum Jacobum, alter repatriavit. Et imponebatur ei quod socium necaverat, et sua sibi retinuerat. Obtulit se ad iudicium istud diabolicum; et cecidit, et suspensus est. Post modicum vero temporis, socius ille,et sanus rediit, et incolumnis. Et sic confusi facti judicarii, et illi, qui hoc procuraverant suspendium. Et socius maxime pro quo mors illata fuerat socio, semper doluit usque ad mortem. (Petrus Cantor, Sp. 547 A)

Zwei Engländer waren auf Pilgerfahrt, und auf der Rückreise war der eine noch nach Santiago de Compostela gegangen, während der andere nach Hause zurückgekehrt war. Diesem warf man vor, daß er seinen Gefährten getötet und seine Habe für sich behalten hätte. Er wurde einem teuflischen Gericht vorgeführt und gehängt. Nachdem einige Zeit vergangen war, kam der Gefährte gesund und wohlbehalten zurück. Die Leute vom Gericht waren darüber sehr verwirrt, vor allem jene, die das Hängen des ersteren vorangetrieben hatten. Und am meisten war der Gefährte, dessentwegen der andere getötet worden war, in Trauer, bis zu seinem Tod.

Aufgrund so mancher Fehlurteile wurde jegliches Gottesgericht von einem der „modernsten“ Herrscher des Hochmittelalters, dem Stauferkaiser Friedrich II. (1194-1250), in Sizilien verboten. Auch von geistlicher Seite gab es im XIII. Jahrhundert Widerstände gegen die Praxis der Gottesurteile. Auf dem IV. Laterankonzil 1215 wurde den Geistlichen die Mitwirkung bei Ordalen untersagt. Die endgültige Verurteilung durch die Kirche erfolgte dann 1234 durch Papst Gregor IX (Nottarp, S. 64).

Es hängt sicherlich mit den Veränderungen zusammen, die im XI. und XII. Jahrhundert vorbereitet wurden und die im XIII. und XIV. Jahrhundert klar zu Tage traten, daß die Gottesgerichte seither nicht mehr praktikabel sind. Denn die Wirksamkeit dieser Art der Urteilsfindung setzt einen Menschen voraus, der sich in einem kosmischen Zusammenhang ganz und gar aufgehoben weiß und unhinterfragt eine göttliche (kosmische) Gerechtigkeit annimmt; einen Menschen, der dieses Ordnungsempfinden in seinem Innern fest verankert hat. Heute werden Gottesgerichte nur noch bei Naturvölkern praktiziert, die noch in einem intakten kosmologischen Bezugssystem leben[4].

Wunder und Gottesurteile gründen auf einer uns ungewohnten Weltbetrachtung: Es ist dies die Sicht eines geordneten Ganzen, in dem alles aufeinander bezogen und einander zugeordet ist. Die unbelebte Natur, die Tiere, die Menschen, Gott – alles hat seinen Platz.
Dieser Kosmos ist von innen her geordnet, d. h. im Äußeren manifestiert sich, was innen von geistigen, unstofflichen oder von subtilen Kräften strukturiert wird. Diese bestimmenden Kräfte – nach christlichem Glauben der Wille Gottes – sind von ihrem Ursprung her gut. Also ist auch die Welt gut und wohlgeordnet. Wird gegen diese „heile" Struktur gehandelt, so wird die richtige Ordnung, das rechte Aufeinanderbezogensein verlassen[5]. Erst durch inneres „Wieder-in-Ordnung-Kommen", durch Buße, wird auch das Äußere wieder intakt (*intactus* = unberührt, frei von Störungen). So deuteten Krankheiten und in größerem Rahmen Hungersnöte, Naturkatastrophen usw. auf Ungleichgewichte hin, die durch inneres Fehlverhalten der Gemeinschaft heraufbeschworen worden waren[6].

---

[4] Nottarp berichtet, daß in Afrika heute noch als Beweismittel der Gifttrank, der geweihte Bissen, der Kesselfang und die Feuerprobe verwendet werden (Nottarp, S. 40).

[5] Der Wortstamm von Delinquent kommt von delinquere = verlassen. Also ist der Delinquent jemand, der die rechte Ordnung verläßt.

[6] Deshalb veranstaltete man im Mittelalter, wenn die Pest wütete, die Geißlerzüge, um das Unrecht, durch welches sie entstanden war, zu sühnen.

Der Lebenskreis

Hildegard von Bingen, De operatione Dei.
Rupertsberg(?), XIII. Jahrhundert.
Biblioteca Governativa di Lucca, Cod. lat. 1942.

Der gesamte Kosmos ist ein aufeinanderbezogenes Ganzes. Der Mensch vollbringt sein Werk im Lauf der Jahreszeiten auf der Erde. Beeinflußt wird sein Leben durch kosmische Kräfte, z. B. Winde, Regen oder auch subtile Energien, die unsichtbar auf die Erde einwirken.
Makrokosmos und Mikrokosmos sind ein System, in dem zwei Ebenen als voneinander abhängig gedacht werden. Wie im Kleinen so im Großen, verschiedene einzelne Kräfte wirken aufeinander ein und halten so das Ganze im Gleichgewicht. Eine einzige Störung bringt das gesamte System durcheinander.

Rettung vom Galgen und andere Wunder

In der Geschichte Hildegunds von Schönau lesen wir von drei Wundern: erstens von ihrer Rettung vom Galgen, zweitens von der Versetzung (Translokation) von Augsburg nach Verona und drittens von ihrem Nicht-Entdeckt-Werden als Frau im Männerkloster Schönau.

Wunder und Mittelalter sind untrennbar voneinander zu denken. An den Wundern zeigt sich, wie schon erwähnt, die Heiligkeit einer Person und die Tatsache, daß ein Mensch sich im Schutz- und Kraftfeld Gottes befindet. Dadurch, daß Wundergeschichten erzählt und aufgeschrieben werden, wird der Glaube an die Kraft Gottes gestärkt und der Teufel, der sich in vielerlei Gestalt – sogar im Engel – verbergen kann, abgewehrt.

Von dem Wunder, daß unschuldige Menschen vom Tod am Galgen durch göttliche Hilfe errettet wurden, davon hatte man im Mittelalter immer wieder gehört[7]. Öffentliches Erhängen am Galgen war für die Menschen im Mittelalter ein besonderes Spektakel, das einerseits mit Abscheu, andererseits mit einem gewissen ehrfürchtigen Schauder betrachtet wurde. Denn Menschen waren es, die sich als Richter aufführten – nicht Gott, der wahre Richter über Leben und Tod. „Galgenstrick und Teile des Galgenholzes galten als zauberkräftig" (Lexikon des Mittelalters Bd. 4, Sp. 1086). Deshalb wartete man gespannt, ob bei der Hinrichtung nicht doch

[7] So z. B. bei Gregor von Tours (Gloria martyrum 72, MGH, SS merov. 1,2, S. 86f.) von einem Pferdedieb, der, als er am Galgen hängt, den heiligen Quirin anruft, vom Galgen fällt und davonläuft.

noch ein Wunder geschähe und Gott den – dann fälschlich Verurteilten – aus dem Urteilsspruch der Menschen befreite. Kein Wunder also, daß Hinrichtungen schon immer ein bevorzugter Platz waren, an dem sich die Kraft Gottes zeigen konnte, wie in so vielen Märtyrerlegenden und Passionsakten nachzulesen ist (Berschin, Biographie Bd. I und II).

Ungewöhnlicher sind die Translokationen, was die Versetzungen von einem Ort an einen anderen meint. Kann man sich die Errettung vom Galgen noch durch die Hilfe unsichtbarer Engel mit ihren übermenschlichen Kräften erklären, so scheint die Raum und Zeit sprengende Translokation ein noch größeres Wunder zu sein. Auch hierfür gibt es etliche Beispiele. Zwei davon möchte ich zitieren.
Caesarius von Heisterbach erzählt von einem Pilger, der mit Bekannten in Jerusalem war. Während sich die anderen schon wieder auf den Nachhauseweg machten, blieb er zurück, weil er noch die Messe dieses Tages hören wollte. Am nächsten Tag machte er sich allein auf, seinen Bekannten nachzufolgen.

> Cui persona magnae reverentiae in equo occurrens atque salutans ait: Cur sic bone homo solus incedis, vel unde venis? Respondente eo, ab Jerosolymis venio, et sic atque sic mihi contigit; ille protinus subiunxit. Ascende et sede post tergum meum, bene insequemur socios tuos. Quod cum fecisset, eadem die iuxta praedictam villam eum deposuit dicens: Cognoscis ubi sis? Dicente illo, provinciam quidem agnosco, sed quid circa me agatur ignoro; eques adiecit: Quia Christum honorasti, idcirco missus sum ut te reducerem. Ecce domus tua, vade et enarra mirabilia eius quae circa te gesta sunt. Quem cum noti eius vidissent dixissentque, ubi sunt socii tui? respondit: Hodie fuit in Jerusalem, et reliquerunt me heri ibidem, praecedentes me. Et non crediderunt ei, dicentes: Senex iste delirat. (Caesa-

rius von Heisterbach, Bd. 2, S. 218. Dieselbe Geschichte erzählt auch Engelhard von Langheim, siehe Oppel, S. 131-135)

Da kam ihm ein sehr verehrungswürdiger Mensch auf einem Pferd entgegen, grüßte ihn und sagte: „Warum guter Mensch gehst du hier so allein, und woher kommst du?" Er antwortete ihm: „Ich komme aus Jerusalem, und solches und solches ist mir geschehen." Jener fügte weiter hinzu: „Steig auf und setze dich hinter mich, wir werden deinen Gefährten gut folgen." Als er das getan hatte, setzte er ihn am selben Tag bei dem genannten Haus ab und sagte: „Weißt du, wo du bist?" Jener sagte: „Die Provinz kenne ich zwar, aber was gerade passiert ist, weiß ich nicht." Der Ritter sagte: „Weil du Christus verehrt hast, deshalb bin ich geschickt worden, um dich zurückzuführen. Hier ist dein Haus, geh und erzähle das Wunderbare, das dir zugestoßen ist." Als seine Verwandten ihn sahen und ihn fragten, wo seine Gefährten sind, antwortete er: „Heute noch war ich in Jerusalem, sie haben mich gestern dort verlassen und sind mir vorausgegangen." Sie glaubten ihm nicht und sagten: „Dieser Greis redet im Wahn."

Bei Caesarius lesen wir noch eine weitere Translokationsgeschichte (Caesarius, Bd. 2, S. 131-133): Der Ritter Gerhard war ein frommer Verehrer des Apostels Thomas. Er wollte zu den Stätten des von ihm so sehr verehrten Heiligen nach Indien pilgern und machte mit seiner Frau eine Zeit von fünf Jahren aus, innerhalb derer er zurückkehren würde; falls er nach den fünf Jahren nicht wiederkäme, könnte sie sich wiederverheiraten. Als Erkennungszeichen zerbrach er einen Ring, die eine Hälfte behielt Gerhard, die andere Hälfte ließ er seiner Frau zurück. In Indien wurde er sehr freundlich aufgenommen, so daß er nicht mehr an seine Rückreise dachte. Fast waren die fünf Jahre schon vergangen, als ein Mann zu ihm trat, der Gerhard einmal einen Mantel gestohlen hatte, als er Gast bei ihm zuhause gewesen war, und ihn ansprach:

Cognoscis me, Gerarde? Non, inquit, te cognosco, sed cappam. Respondit ille: Ego sum qui in nomine Apostoli hospitium a te petivi, et cappam tibi tuli, pro qua et valde punitus sum. Et adiecit: Ego sum diabolus, et praeceptum est mihi, ut antequam homines cubitum vadant, in domum tuam te transferam, eo quod uxor tua alteri viro nupserit, et iam in nuptiis cum illo sedeat. Tollens eum, in parte diei ab India in Theutoniam, ab ortu solis in eius occasum transvexit, et circa crepusculum in curia propria illum sine laesione deposuit. Qui domum suam sicut barbarus intrans, cum uxorem propriam cum sponso suo vidisset comedentem, propius accessit, eaque aspiciente partem circuli in scyphum mittens abcessit. Quod ubi illa vidit, mox extraxit, et partem sibi dimissam adiungens, cognovit eum suum esse maritum. Statim exiliens in amplexus eius ruit, virum suum Gerardum illum esse proclamans, sponso valedicens. (Caesarius von Heisterbach, Bd. 2, S. 131-133)

„Erkennst du mich, Gerhard?" „Nein", sagte er, „dich erkenne ich nicht, aber den Mantel." Jener antwortete: „Ich bin der, der im Namen des Apostels [Thomas] um Gastfreundschaft bei dir bat, und ich habe dir den Mantel genommen, wofür ich sehr bestraft worden bin." Und er fügte hinzu: „Ich bin der Teufel, und mir ist befohlen worden, daß ich dich, noch bevor sie das Ehelager teilen, in dein Haus tragen soll, wo deine Frau gerade dabei ist, einen anderen zu heiraten, sie sitzt schon mit ihm beim Hochzeitsmahl." Er hob ihn auf und brachte ihn in nicht einmal einem Tag von Indien nach Deutschland, vom Osten in den Westen, und in der Dämmerung setzte er ihn ohne Verletzung in seinem Hof ab. Er betrat wie ein Fremder sein Haus, und als er seine Frau mit ihrem Bräutigam bei Tisch sah, ging er näher heran, und als sie ihn ansah, warf er seine Hälfte des Rings in den Becher. Als sie das sah, holte sie ihn gleich heraus, fügte den Teil, den ihr Mann ihr zurückgelassen hatte, daran, und erkannte so, daß er ihr Ehegatte war. Sofort sprang sie auf und fiel ihm um den Hals, und sagte, daß er ihr Mann Gerhard sei. Dem Bräutigam sagte sie Lebwohl.

Diese Geschichten muten sehr märchenhaft an. Sie erinnern eher an Feen und Zauberer als an den dreifaltigen Gott. Noch deutlicher wird die Sphäre des Märchenhaften in der Geschichte vom Jerusalempilger, wie sie Engelhard von Langheim erzählt: Dem Jerusalempilger kommt nicht nur eine „sehr verehrungswürdige Person“ (*persona magnae reverentiae*) entgegen, sondern „ein schöner und strahlender junger Mann, der auf einem weißen Pferd sitzt“ (*Iuvenis pulcher et splendidus equo sedens albo*) (Oppel, S. 132).

Besonders im Fall der Translokation gelangt man in den Bereich, wo sich die Welt des Märchens und die Welt christlicher Magie berühren. In Märchen und Wundergeschichten treten Bilder aus den Tiefen der menschlichen Seele ans Licht. Aus dem Unbewußten werden innere Bilder auf die Außenwelt projiziert, und so wird etwas anschaulich, was an sich nicht benennbar ist. Es sind psychische Felder, die noch nicht mit bestimmten Vorstellungen und Begriffen besetzt sind. Erst wenn diese psychischen Felder über die Bewußtseinsschwelle der Menschen treten, erhalten sie Form und Gestalt und werden benannt als Feen, Engel, Drachentöter, Dämonen, starke Helden, zauberkräftige Frauen, je nachdem, in welchen weltanschaulichen Bezugsrahmen die Menschen eingebunden sind[8]. Wenn Situationen beschrieben werden, in denen die normalen kausalen Bedingungen der Welt durchbrochen werden, wenn sich diese Trennwand zwischen Sichtbarem und Unsichtbarem hebt, entsteht ein Raum, der durchlässig ist für das Wirken guter und böser Kräfte. Wenn Engel eingreifen, um Unschuldigen zu helfen, wird ein Hauch der Freundschaft spürbar, die zwischen den reinen Himmelswesen und den „durch irdische Leiber be-

[8] Vgl. die Archetypen C. G. Jungs.

schwerten“ Menschen besteht. Wenn in den Märchen Feen und Zauberer, Zwerge, Riesen und sprechende Tiere „eine neue Welt erschaffen“, in der alles weniger materiell und fest umgrenzt ist, weniger irreparabel und weniger aussichtslos, wird die Welt transparenter, das Leben spielerischer und verliert sogar ein wenig seine pessimistische Hoffnungslosigkeit. Sind es im Märchen die guten Feen, so sind es in den Wundergeschichten die hellstrahlenden Engel, die rettend zur Stelle sind. Und ähnelt nicht Maria, die „Himmelskönigin“, einer Feenkönigin, die im Himmel wohnt und von Zeit zu Zeit herabsteigt auf die Erde, um nach dem Rechten zu sehen?

Auch im Erzählstil sind sich Mirakel und Märchen einander ähnlich. Wie bei dem märchenhaften „Es war einmal ...“ beginnen die meisten Wundergeschichten oft völlig unbestimmt. Mit wenigen Worten wird ein Raum skizziert, in dem sich die Begebenheit abspielt. Als Beispiel soll ein Mirakel des Caesarius dienen:

> In civitate quadam Angliae puella quaedam habitavit, Judaei cuiusdam filia, et secundum genus suum satis speciosa. Hanc iuvenis quidam clericus, Episcopi eiusdem civitatis cognatus, et ecclesiae maioris canonicus, ut vidit, concupivit, et verbis amatoriis ad consensum suae libidinis cum multo labore inclinavit. (Caesarius von Heisterbach, Bd. 1, S. 92ff.)
>
> In einer Stadt Englands lebte ein Mädchen, die Tochter eines Juden, eine sehr schöne junge Frau. Diese begehrte ein junger Kleriker, ein Verwandter des Bischofs dieser Stadt, der auch Kanoniker der Hauptkirche war, als er sie sah, und machte sie mit verliebten Worten zum Einverständnis mit seiner Liebeslust geneigt.

Die Personen sind hier nur Handlungsträger im wahrsten Sinne des Wortes: sie tragen die Handlung, ohne aus sich selbst

Engel, der einen Teufel fesselt

Vézelay, Kapitell von Ste. Madeleine, um 1140.

heraus einen Wert zu besitzen. Wir hören immer nur von Typen: von Dieben, Boten, Mönchen, Nonnen, Rittern, Bischöfen, Grafen usw.

Das dritte Wunder in der Hildegund-Geschichte spiegelt ebenfalls eine „Grenzüberschreitung": Als Frau zwei Jahre lang in einem Männerkloster zu leben, ist unter „normalen" Umständen undenkbar. Sie hätte aller menschlichen Vernunft nach entdeckt werden müssen. Doch erst nach ihrem Tod wurde ihr wahres Geschlecht offenbar. Wieder hebt sich still und leise der Schleier der festgefügten undurchlässigen Welt. Selbst das Unmögliche wird möglich. Ein Schimmer von Leichtigkeit und Durchlässigkeit dringt selbst durch rigideste Mönchsordnungen.

Frauen in Männerkleidern

Femina fuit hic homo, eine Frau war dieser Mann. Als die Klosterbrüder in Schönau erfuhren, daß Bruder Joseph in Wirklichkeit eine Frau war, waren sie sehr erschüttert. Was die Verfasser der verschiedenen Fassungen der Hildegund-Geschichte als noch nie gehörtes Wunder preisen, ist jedoch kein Novum: Eine der ersten (christlichen) Frauen, die ihr Geschlecht unter Männerkleidern verbargen, war angeblich Thekla, eine Frau, die Paulus bei seinen Predigtreisen kennengelernt hatte und die ihm in Männerkleidern folgte. „Thekla aber sehnte sich nach Paulus", so ist es dokumentiert, „und suchte ihn, indem sie überall herumschickte. Und es wurde ihr mitgeteilt, er sei in Myra. Da nahm sie Diener und Dienerinnen, gürtete sich und nähte ihr Gewand zu einem

Oberkleid nach Männerart, und sie kam in Myra an und fand Paulus" (Hennecke/Schneemelcher, Bd. 2, S. 250).

Die Beispiele von als Männer verkleideten Frauen sind zahlreich[9]. Das Motiv der Monachopartenos, d. h. der Frau, die in Männerkleidung im Kloster lebt, taucht v. a. in den spätantiken Märtyrerakten auf. Euphrosyne († 470) floh aus Alexandria in Männerkleidern in ein Mönchskloster und lebte dort 38 Jahre unter dem Namen Smaragdus (AASS Febr. II, 1658, S. 537-541).

Ebenfalls aus dem V. Jahrhundert stammt die Geschichte der Marina. Als ihr Vater Mönch geworden war, hatte er sie als kleines Mädchen mit ins Kloster genommen. In der Annahme, daß es sich um einen Jungen handelte, wuchs Marina dort unter dem Namen Marinus auf. Selbst als sie später als Vater eines unehelichen Kindes verleumdet wurde (sie war zum Abt eines Frauenklosters gewählt worden und schien „der einzige" zu sein, der als Vater des Kindes in Frage kommen konnte), ertrug sie alle Schmähungen, sogar die zeitweilige Ausweisung aus dem Kloster, ohne das Geheimnis zu lüften. Erst nach ihrem Tod kam, wie bei Hildegund, ihr wahres Geschlecht zum Vorschein (AASS Juli IV, 1725, S. 278-288).

Im IX. Jahrhundert entzog sich Euphrosyne die Jüngere (*854) einer reichen Heirat, indem sie in Männerkleidern

---

[9] Im IV. Jahrhundert, zur Zeit der Christenverfolgungen, wurde Theodora zur Prostitutuion verurteilt. Ein römischer Soldat wollte ihr helfen und tauschte mit ihr seine Soldatenkleider. Beide wurden gefaßt und getötet (AASS, April III, 1675, S. 572-575).

Pelagia († um 457) lebte als Tänzerin und Schauspielerin in Antiochien, wurde 453 durch eine Predigt des Bischof Nonnus von Edessa bekehrt und führte daraufhin in Männerkleidern und unter dem Namen Pelagius als Einsiedler am Ölberg ein Leben in größter Askese (AASS, Okt. IV, 1753, S. 248-68). Weitere Beispiele siehe Günter, S. 283.

entfloh. Sie trat unter dem Namen Johann in ein Männerkloster ein, wurde zum Abt ernannt und zog sich daraufhin für viele Jahre – wieder als Frau gekleidet – in die Wüste zurück. Sie starb um 923 in einem Kloster bei Konstantinopel (AASS Nov. III, 1910, S. 858-889).

Wenn man nicht nur die Motivgeschichte betrachtet, sondern nach den Motiven fragt, was Frauen veranlaßte, sich als Mann zu (ver)kleiden, so bieten sich verschiedene Erklärungen an.

Ein wesentlicher Grund war die Sicherheit. Waren die äußerlichen Kennzeichen der Frau durch die Kleidung verborgen, lief sie weniger schnell Gefahr, als „Objekt der Begierde" den Zugriffen der Männer ausgesetzt zu sein. Denn so schrieb Nilos von Ankyra am Anfang des V. Jahrhunderts in *Die acht Geister der Bosheit* über die Gefahren, die von den Frauen ausgehen:

> Der Anblick der Frau ist wie ein Giftgeschoß. Er verwundet die Seele und flößt Gift ein, und je länger es währt, desto größere Vergiftung verursacht es ... Fliehe die Begegnung mit Frauen, wenn du enthaltsam bleiben willst, und gib ihr keine Gelegenheit, sich dir anzuvertrauen ... Ihre Gesten und Reden werden für dich zum Angelhaken, die dich zum Tode locken, und zu eng verflochtenen Schlingen, die dich ins Verderben reißen. (Ketsch Bd. 2, S. 50)

Der Schönheit und Verführungskraft der Frauen glaubten die Männer zu erliegen. Deshalb verteufelte die Kirche als die am stärksten patriarchalisch strukturierte Institution (Gottvater → Sohn → Geist → Papst → Bischof → Priester) am heftigsten gerade die weibliche Schönheit und den Genuß des Sinnlichen: ja sie identifizierten die Frauen geradezu mit dem Teuflischen.

Um die Gefahr, die von den verführerischen Frauen ausging, abzuwehren, reduzierten die Kirchenväter den Wert der Frau ausdrücklich auf die Produktion von Nachkommen. Bei Augustinus heißt es über den Nutzen der Frau Anfang des V. Jahrhunderts:

> Wenn nun gefragt wird, wozu dieses Gehilf nötig war, zeigt sich wahrscheinlich nichts anderes als die Hervorbringung von Kindern, so wie die Erde das Hilfsmittel für den Samen ist, damit aus beiden die Pflanze wachse. (Ketsch, Bd. 2, S. 49)

Thomas von Aquin, der fünfte Kirchenvater, verdeutlicht genau diese Einstellung gegenüber der Frau noch einmal im XIII. Jahrhundert:

> Auch widerstreitet es offenbar der Billigkeit (Gerechtigkeit), wenn jene besagte Gemeinschaft (Ehe) aufgelöst wird. Das Weib bedarf nämlich des Ehegatten nicht nur wegen der Erzeugung, wie bei den Tieren, sondern auch wegen der Lenkung, da der Mann eine vollkommenere Vernunft und eine stärkere Kraft besitzt. Die Frau dagegen wird zur Gemeinschaft mit dem Manne wegen der Notwendigkeit der Erzeugung angenommen. (Ketsch, Bd. 2, S. 78)

Die Kirchenväter haben kraft ihrer Autorität wesentlich zu der Unterdrückung der Frau beigetragen. Sie taten das unter Mißachtung der Evangelien, denn dort akzeptierte Jesus die Frauen als gleichwertige Diskussionspartnerinnen (Io 4,5-4,42) und stellte sogar die traditionelle Rolle der Frau in Frage (Lk 10,38-42).

Ein weiterer Grund, sich als Mann zu verkleiden, lag bestimmt auch in den im Laufe der Jahrhunderte immer schlechter werdenden Bedingungen für Frauen, Zutritt zu

Eva von Autun

Geschaffen von Gislebertus 1120/30.
Heute im Musée Rolin von Autun.

Eva liegt nackt und verführerisch zwischen Blumen. Sie greift nach einem Apfel. Es ist dies die erste größere mittelalterliche Darstellung des Nackten.

Stätten der Bildung und Kultur zu bekommen. Dieses Motiv wird in späteren Jahrhunderten immer ausschlaggebender, v. a. in der Renaissance und im Barock. Natürlich wurde das Motiv der Zeit angepaßt: Frauen verkleideten sich nicht mehr als Mönche oder Eremiten, sondern als Soldaten und Studenten[10]. Dies führte meistens zu heiteren Verwechslungsszenen[11].

Frauen kamen damals auf die Idee, in das Äußere des bevorzugten und erstklassigen Geschlechts zu schlüpfen, um teilzuhaben an der Macht und Stärke des Platzes, den die Männer sich zugewiesen hatten, und um damit der Stellung zu entfliehen, die ihnen zugewiesen worden war. Kleidertausch ist eben nicht nur ein Verkleidungsspiel, sondern es wird doch noch etwas mehr getauscht als nur die äußere Hülle. So heißt es auch in der Hildegund-Geschichte „Eine Frau *war* dieser Mann“ und nicht „Mönchskleider *hatte* diese Frau an“.

---

[10] Boiardo, Orlando innamorato (1483-95), Ariost, Orlando furioso (1516), Tasso, La Gerusalemme liberata (1575), Spenser, The faerie Queene (1589-96), siehe Frenzel, Motive, S. 17 ff.

[11] Auch später taucht das Motiv immer wieder auf. Im Film *Yentl* von Barbra Streisand verkleidet sich eine junge Frau, Barbra Streisand, als Mann, um studieren zu können. Die Geschichte spielt zur Zeit der Jahrhundertwende. Yentl, so ist ihr Name, verliebt sich in ihren Kommilitonen, der sie natürlich für einen Mann hält, und dessen Freundin verliebt sich in der gleichen Annahme in sie …

Kloster Schönau

Das Zisterzienserkloster Schönau, die letzte Station von Josephs Abenteuern, liegt im Odenwald, ganz in der Nähe von Heidelberg. Von 1186 bis 1188 lebte Hildegund dort unter den Mönchen und gab vor, Bruder Joseph zu sein. Als sie starb, bestand das Kloster 45 Jahre. 1142 hatte Bischof Buggo (Burkhard) von Worms dem Zisterzienserorden Land für die Errichtung eines Klosters geschenkt. Es lag, wie die Zisterzienserregeln es vorschreiben, auf noch wenig besiedeltem Gebiet. Um ein Kloster zu errichten, mußte zunächst der Wald gerodet werden. Dann mußte aus dem Odenwald Buntsandstein gebrochen und nach Schönau transportiert werden. Dort errichteten die Klosterbrüder dann im Schweiße ihres Angesichts die Klosterkirche. Nach den Ordensstatuten mußten die Mönche selbst hart arbeiten und einfach leben. Denn die Zisterziensermönche wollten die Devise des Benedikt von Nursia *Ora et labora* samt der Armuts- und Keuschheitsgelübde wieder streng einhalten und ohne Ablenkung durch Äußerlichkeiten ein Gott ergebenes Leben führen. So waren z. B. alle im XII. Jahrhundert erbauten Zisterzienserkirchen schmucklos.
Die Kupferstiche aus der Mitte des XV. Jahrhunderts geben ein anschauliches Bild von der immensen Arbeit, die damals dort zu leisten war. Um so erstaunlicher ist, daß „Bruder Joseph" nicht als Frau entlarvt wurde, da sie mit Sicherheit wie jeder andere Mönch auch schwere Steine zu schleppen hatte.

Die zwei Jahre, die Hildegund im Kloster verbrachte, fallen in die Zeit großer Aktivitäten. Durch Schenkungen wurde in dieser Zeit der Klosterbesitz ständig vermehrt (Schaab, S. 27).

Gründung des Klosters Schönau

Gründung des Klosters Schönau

Federzeichnung.
Schönau, Anfang XVI. Jahrhundert.
Nürnberg, Germanisches Nationalmuseum, Hz 195.

Die Unterschrift der Zeichnung lautet:

Wormatiae Praesul MCXLII duo iunge
Buggo, monasterium Schonviense struit.

Bischof Buggo von Worms gründet 1142 das Kloster.

Man blickt in das Steinachtal, im Vordergrund des Bildes ist das Gründungsereignis zu sehen. An der Spitze der Personengruppe steht in vollem Ornat Bischof Buggo von Worms, er deutet mit dem Finger auf eine bestimmte Stelle. Hier soll das Kloster erbaut werden.

Der Bau des Klosters

Federzeichnung.
Schönau, Anfang XVI. Jahrhundert.
Nürnberg, Germanisches Nationalmuseum, Hz 196.

Die Bildunterschrift lautet:

Construxere Domum Conversi Schonaviensem
quos pius induxit religionis amor.

Die Konversen erbauen das Schönauer Kloster,
Frömmigkeit treibt sie dazu an.

Zwanzig Brüder sind bei der Arbeit zu sehen. Links oben werden aus einem Steinbruch im Odenwald Quaderklötze geschlagen und mit Ochsenkarren zur Baustelle transportiert. Auf einer Laufleiter trägt ein Mönch den unten angemischten Speis nach oben. Im Hintergrund sind zwei Mönche zu sehen, die mit Spitzhacken je einen Quaderstein bearbeiten. Am Dach des Klosters ist eine Hebevorrichtung angebracht, mit der die schweren Steine an einer Winde emporgezogen werden können.

Der Bau des Klosters

In Windeseile war aus der landwirtschaftlichen Arbeit eine Überschußproduktion entstanden – begünstigt dadurch, daß zur Bewirtschaftung von weiter vom Kloster entfernt gelegenen Wiesen, Äckern und Weinbergen Konversen herangezogen wurden. Sie waren keine Mönche, sondern Laienbrüder, man nannte sie auch *barbati*, weil sie im Gegensatz zu den Mönchen Bärte trugen. Diese bewirtschafteten die sogenannten Grangienhöfe, von denen Schönau sehr bald eine Menge hatte. Durch die Eigenarbeit sollten die Klöster unabhängig von der „Welt" existieren und Mittel zur Verköstigung der Armen und zur Beherbergung von Gästen bereitstellen können.
Das Kloster vergrößerte seinen Grundbesitz nicht in erster Linie im Odenwald, sondern in der Rheinebene: „Hier, in den Niederungszonen am Rheinufer und auf den Sand- und Dünenflächen der Ebene, hat Schönau durch Entwässerungs- und Erschließungsmaßnahmen wichtige Kultivierungsarbeit geleistet und seine dortigen Grangien durch die Urbarmachung von Sumpf- und Bruchgelände wesentlich vergrößert" (Schaab, S. 101). – Vielleicht wird deshalb in Engelhards Fassung der Hildegund-Geschichte gesagt, Schönau sei *vicina Rheno* (in der Nähe des Rheins) gelegen, obwohl das eigentliche Kloster in der Nähe des Neckars liegt.

Die Klosteranlage selbst scheint im XII. Jahrhundert fertiggestellt gewesen zu sein. Die Einweihung der Kirche muß in jedem Fall vor 1223 erfolgt sein, denn Caesarius von Heisterbach schreibt in seinem Dialogus miraculorum von der Einweihung als einem zurückliegenden Ereignis (Caesarius von Heisterbach, Bd. 1, S. 52). Insofern können die Kupferstiche, die Anfang des XVI. Jahrhunderts angefertigt wurden, durchaus die Wirklichkeit des XII. Jahrhunderts wiedergeben.

Hildegund bei der Arbeit; Hildegunds Tod

Federzeichnung.
Schönau, Anfang XVI. Jahrhundert.
Nürnberg, Germanisches Nationalmuseum, Hz 201.

Die Bildunterschrift lautet:

In dormitorii structura virgo laborat
Annoque in primo dum probat astra petit.

Die Jungfrau arbeitet beim Bau des Schlafsaals.
Noch im ersten Probejahr stirbt sie.

Hildegund trägt mit einem anderen Mönch Steine auf einer Tragbahre. Man sieht noch drei andere Mönche bei der Arbeit: Der eine trägt Mörtel eine Laufleiter hinauf, ein anderer streicht den Mörtel auf die Mauer, der dritte klopft die Steine fest.

Oben rechts sieht man den Tod Hildegunds. Ihre Seele wird von zwei Engeln zum Himmel emporgetragen. Auf einer Matte am Boden liegt der Leichnam Hildegunds, zwei Mönche knien bei ihr.

III.

Eine Tür wird aufgestossen

Die Geschichte Hildegunds ereignete sich Ende des XII. Jahrhunderts. In dieser Zeit eröffneten sich in vielerlei Hinsicht neue Perspektiven, was auch eine Änderung des Menschenbildes mit sich brachte. Der einzelne Mensch rückt als individuelles Wesen mehr in den Vordergrund. Es war ein Jahrhundert der Entdeckungsreise in menschliche Erfahrungsbereiche – vor allem in den der Liebe. Dies zeigt sich im Minnesang, in der Marienverehrung und in der Beziehung zu Gott. In allen diesen Bereichen werden die Beziehungen persönlicher.

Die Veröffentlichung einer peinlichen Geschichte

Kaum war Hildegund gestorben, ging die Nachricht ihres Todes von Kloster zu Kloster, denn es war damals üblich, daß nach dem Tod in allen Klöstern für die Seele des Verstorbenen gebetet wurde. Man nennt dies „jemanden in die Gebetsgemeinschaft aufnehmen". Und mit dem Tod Hildegunds verbreitete sich auch ihre Lebensgeschichte.

Die meisten Wundergeschichten, wozu auch Hildegunds Lebensgeschichte zählt, kursierten mündlich. In den seltensten Fällen wurden sie aufgezeichnet, denn Schreibmaterial war außerordentlich teuer. Für eine Handschrift, die aus 200 Blättern (400 Seiten) guten Pergaments bestand, benötigte man Häute von ca. 50 Kälbern (P. Rück, S. 22-25). So wundert es nicht, daß meist nur wirklich notwendige Texte dem kostbaren Material anvertraut wurden.

Schreiber

Pergamentbearbeitung

Schreiber

Illustration aus dem Evangelistar Kaiser Heinrichs III.
Echternach, um 1040.
Bremen, Universitätsbibliothek, Ms. b. 21, fol. 124^{v}.

Zwei Schreiber sitzen über ihre Arbeit gebeugt in der Abteikirche. Der Schreiber links ist ein Mönch, der andere ein Weltlicher.

Pergamentbearbeitung

Illustration aus dem Evangeliar des Hillinus.
Köln, um 1020/30.
Köln, Erzbischöfliche Diözesan- und Dombibliothek, Dom Hs. 12, fol. 2^{v}.

Auf dem Bild ist der Kölner Domherr Hillinus zu sehen, er hält ein langes Pergament auf den Knien. Rechts und links sitzen die Reichenauer Mönche Purchardus und Chuonradus, die erst eingeladen und später gezwungen worden waren, dieses Buch zu schreiben. Davon berichten die beiden Reichenauer Mönche auf der ersten Seite des Codex. Der rechts sitzende Mönch hält ein Wachstäfelchen vor sich und einen Schreibgriffel in der Hand, er schreibt die Vorlage. Der links sitzende schreibt mit einer Feder auf das Pergament, der Domherr in der Mitte korrigiert mit einem Radiermesserchen und einer Feder das Geschriebene.

Daß Hildegunds Lebensgeschichte in so kurzer Zeit in mehreren Handschriften auftaucht (siehe Handschriftennachweis im Anhang), ist folglich schon ein Zeichen dafür, daß sie es auch für wert befunden wurde, aufgezeichnet zu werden. Von Engelhard von Langheim wissen wir auch, warum sie auf so großes Interesse gestoßen ist. Sie sollte in einer Zeit, in der sich der größte Teil der Männer „weiblicher Schwäche" überließ, als Vorbild für weibliche Stärke dienen. Dies ist um so erstaunlicher, wenn man das Frauenbild dieser Zeit unter die Lupe nimmt.

Betrachtet man zum Beispiel die Mirakelsammlungen, die etwa zeitgleich entstanden sind, so stellt man fest: Mönche betrachteten Frauen als Gesandte des Teufels, denn Frauen verführten sie dazu, ihre Gelübde zu brechen. Frauen waren die Sünde schlechthin. Die einzige Frau, die einen Platz in der Kirche hatte, war eine Jungfrau: Maria, die Mutter Gottes.

Die Geschichte Hildegunds hätte also vom Standpunkt der Mönche aus etwas höchst Skandalöses sein müssen, war es doch das Schlimmste, was in einem Männerkloster passieren konnte. Dennoch wird die Geschichte als positives Beispiel für die Frauen und als Tadel für die Männer angeführt.

Es wäre jedoch falsch, dies als ein Indiz für eine Frauenemanzipation im XII. Jahrhundert zu werten. Frauen waren dem männlichen Geschlecht untergeordnet, und das wurde auch von den Frauen selbst nicht angezweifelt. Denken wir zum Beispiel an Heloise, die an Abaelard schreibt:

> Es befremdet mich, teuerster Freund, daß du gegen den sonstigen Gebrauch und die natürliche Ordnung der Dinge selbst in der Anrede deines Briefes meine Person vor die deinige zu setzen beliebtest: die Frau vor den Mann, die Gattin vor den Gatten, die Magd vor den Herrn, die Nonne vor den Mönch und

Priester, die Diakonisse vor den Abt. Nach gutem Recht und Brauch setzt man den Namen des Briefempfängers vor den eigenen, wenn man an Vorgesetzte oder Gleichgestellte schreibt. Schreibt man dagegen an Untergebene, so richtet sich die Reihenfolge der Namen nach derjenigen des Ranges der einzelnen. (Ketsch, Bd. 2, S. 67)

Das Zeitalter des aufkommenden Gefühls und der individuellen Erfahrung

Spätestens seit dem Investiturstreit präsentierte sich die Kirche eindeutig als weltliche Macht und konkurrierte mit der Gewalt des Kaisers. In der Hildegund-Geschichte wird durch den Trierer Erzbischofstreit darauf angespielt:

> Fluctuat interea pacis status ecclesiarum.
> Electum Treveris favor improbat imperialis.
> Papa favendo probat; super hoc dissentit uterque.
> Inter se pugnant gladii duo: spiritualis
> obviat imperio, versa vice materialis.
> Scinditur in partes Christi domus, unio pacis.
> Pars iuvat hec Romam, sceptri fovet illa coronam.
> (Metrische Fassung, im Anhang, S. 181)

> In der Zwischenzeit war die Lage der Kirche höchst unsicher.
> Die kaiserliche Gunst mißbilligte den gewählten Trierer Erzbischof.
> Der Papst förderte ihn und stand hinter ihm.
> Darüber entbrannte zwischen beiden ein Streit.
> Zwei Schwerter kämpfen gegeneinander: das geistliche gegen das weltliche, und umgekehrt.

> Das Haus Christi, die Einheit des Friedens, wurde in zwei Teile geschnitten.
> Ein Teil steht hinter Rom (d. h. dem Papst), der andere Teil steht auf Seiten der weltlichen Krone.

Doch nicht nur auf politischer Ebene wurde eine Veränderung sichtbar. Für die geistige Entwicklung des Abendlandes war viel ausschlaggebender, daß die intellektuelle Elite – und die bestand damals in erster Linie aus Geistlichen – sich aufmachte, neue Gebiete zu erkunden. Denken wurde mehr und mehr zu einem schöpferischen Akt, es war nicht mehr nur reines Reproduktionsinstrumentarium für die Gedanken der Kirchenväter und geistige Aufsichtsbehörde für die unverfälschte Wiedergabe des von Ambrosius, Augustinus, Hieronymus und Gregor dem Großen vorgedachten Weges. Zuerst waren es nur „zusätzliche“ Auslegungen der Bibel. Als der neue Kommentar zum Evangelium des Johannes von Rupert von Deutz erschien, erschütterte dies den konservativen Klerus sehr: Denn „man“ brauchte keinen *neuen* Johanneskommentar, der von Augustin war verbindlich und völlig ausreichend. Dennoch war das Neue nicht zu bremsen. In Paris entstand eine Hochburg gelehrter geistlicher Wissenschaftler, allen voran Abaelard, der mit seinem Buch *Sic et Non* einer ganz neuen Bibelrezeption Bahn brach, indem er einander widersprechende Bibelstellen zusammenstellte. In Bologna waren durch Gratians *Decretum* die Rechtswissenschaften entstanden. In Montpellier, Salerno und vor allem in Toledo wurde, basierend auf griechisch/arabischer Tradition, Medizin gelehrt, in Orléon wurden die antiken Klassiker studiert. Damit war der Boden bereitet zu einer naturwissenschaftlichen Betrachtungsweise der Welt.
Neben der aufkommenden neuen wissenschaftlicheren Weltbetrachtung blieb die alte christlich-mythische bestehen.

Diese wurde am ehesten in der Person von Hildegard von Bingen, der berühmten Äbtissin vom Rupertsberg bei Bingen, vertreten.

Hildegard selbst war – so sehr und so vehement sie auch als modern und emanzipiert dargestellt wird – ausgesprochen traditionell. Sie war eine fast alttestamentarisch zu nennende Prophetin: flammend in ihrem Sendungsbewußtsein und gewaltig in ihrer Botschaft, aber getragen von einem ganz traditionellen Glauben und einer ebensolchen Weltanschauung. Ihr Weltbild gründete auf einem intuitiven Zugang zu altchristlich-vitalem Glaubens- und Bilderschatz, jedoch entbehrte es eines rationalen Konzepts, das sich (bewußt) gegen alte Inhalte stellen würde. Hildegard war mit Sicherheit eine begnadete Frau, deren Seele spontanen Zugang zu überzeitlichen Bildern hatte und die eine charismatische Ausstrahlung besaß; doch war sie damit eher ein christlich-mythischer Fels in einer aufbrechenden und zerbröckelnden Welt. In der Welt des XII. Jahrhunderts scheinen genau diese beiden Strömungen, die der Symbole und Bilder und die des Geistes und der Abstraktion, nebeneinander – und manchmal auch ineinander – geflossen zu sein. Und in deren Spannungsfeld war Platz für einen neuen, dritten Bereich: für die Welt des Gefühls, für das Bewußtwerden individueller seelischer Kräfte.

Nicht ohne Grund liegen im XII. Jahrhundert die Wurzeln der persönlichen Gottesbegegnung. Bernhard von Clairvaux, der Heilige des Zisterzienserordens, legte als erster abendländischer Theologe mit begeisterten Worten das Hohelied als Liebeslied zwischen Gott und der Seele des Einzelnen aus. Und er weiß, daß die Liebesbegegnung zwischen dem göttlichen Sein und dem sehnenden Herzen des Menschen jeweils einmalig ist (Ohly, S. 153). Der Weg zur Erkenntnis Gottes, das fordert Bernhard, ist ein Weg der persönlichen und damit einmaligen Erfahrung (Ohly, S. 151), des emotionalen Sich-Öffnens, des Sehnens mit ganzer Herzenskraft und des Sich-Bereitmachens für die Erfahrung der Liebe (Gottes). Bei Bernhard von Clairvaux und Wilhelm von St. Thierry wird in ihren Hoheliedauslegungen deutlich, wie sie in sich Fähigkeiten und Bedürfnisse entdeckten, die vorher nicht in dem Maße bewußt waren. Sie waren sich gewiß, die Nähe Gottes *erfahren* zu können.

> Experti recognoscant, inexperti inardescant desiderio, non tam cognoscendi quam experiendi. Non est strepitus oris, sed iubilus cordis; non sonus labiorum, sed motus gaudiorum; voluntatum, non vocum consonantia. (Bernhard von Clairvaux, Hohelied 1,11)

> Die, die es schon wissen, erkennen es wieder. Die, die es noch nicht wissen, entflammen in Sehnsucht, nicht so sehr in der des Erkennenwollens, sondern in der des Erfahrenwollens. Es ist nicht ein Lärm des Mundes, sondern ein Jubel des Herzens. Nicht ein Laut der Lippen, sondern eine Bewegung der Freuden. Es ist ein Gleichklang der Willen, nicht der Stimmen.

Was die Geistlichen suchten, bewegte auch die Weltlichen. Das Sehnen des Herzens war das Zentrum der meisten Liebeslieder des frühen Minnesangs. Bei den minnenden Rittern ging es um die gleiche Sehnsucht, das gleiche Entbrennen und Sich-Verzehren, von dem Bernhard spricht. Nur ist deren Objekt eine real anwesende Frau. Doch zumindest im frühen Minnesang war diese für die liebenden Sänger genauso unerreichbar wie es Gott für die Mönche war.

In noch keinem christlichen Jahrhundert vorher hatte ein so großes Schwergewicht auf tatsächlicher und individueller Erfahrung gelegen wie in diesem. Deshalb entstanden auch zu

Der Kosmosmensch

Die Liebe (Ausschnitt)

Der Kosmosmensch

Hildegard von Bingen, De operatione Dei.
Rupertsberg(?), XIII. Jahrhundert.
Biblioteca Governativa di Lucca, Cod. lat. 1942.

Im Zentrum des Kosmos steht der Mensch. Alle Kräfte von Gottes Schöpfung stehen ihm zur Verfügung. Die Gottheit ist unaufhörlich kreisend, weder jung noch alt, dauerhaft bis an das Ende der Zeiten. Der erste, äußere Feuerkreis ist Sinnbild für die Macht Gottes, der allem sein Leben gibt. Der zweite Feuerkreis ist der Richterkreis, der bezeichnet, daß der, der sich Gott widersetzt, in die Hölle fahren wird.

Verschiedene Luftzonen umgeben die Welt, jede steht sinnbildlich für bestimmte geistige Eigenschaften. Die Winde, die durch Tierköpfe dargestellt sind, halten zum einen das Weltall mit ihren Kräften zusammen, zum anderen stehen sie für bestimmte Kräfte. So stehen z. B. der Löwe für die Richterfunktion Gottes, die Schlange für Klugheit, das Lamm für Geduld, der Krebs für Zuversicht. Auch die Sterne übertragen kosmische Kräfte auf die Menschen, ebenso wie die Wolken.

Sämtliche Kräfte konzentrieren sich in ihrer Wirkung auf den Menschen, der das vornehmste Geschöpf Gottes ist, ihm ist die Welt untertan.

Links unten sitzt Hildegard von Bingen, die das, was sie in ihrer Schauung empfängt, sofort aufzeichnet.

Die Liebe

Hildegard von Bingen, De operatione Dei.
Rupertsberg(?), XIII. Jahrhundert.
Bibliotheca Governativa di Lucca, Cod. lat. 1942.

dieser Zeit die großen Mirakelsammlungen, in denen es um die Erfahrungen und Erlebnisse „ganz normaler" anonymer Kleriker und Laien ging. Bisher hatte man sich nur an den „großen" Heiligen orientiert. Textzeugnisse früherer Jahrhunderte haben nie so herausfordernd eigene Gefühle und Erfahrungen zum Thema gehabt, auch wenn diese wie z. B. im Minnesang noch sehr durch Konventionen und Richtlinien eingeschränkt waren.

Erfahrungen machen heißt immer auch etwas Neues kennenlernen. Vielleicht liegt hierin u. a. die Begründung für die Neugier der Mönche auf die Hildegund-Geschichte. Sie waren nicht mehr nur fixiert und gebunden an ihr strenges Bezugssystem, in dem eine solche Tat keinen Platz haben konnte, sondern sie konnten das Neue zulassen, ohne es sofort abzulehnen.

Die Gottesmutter

Die Entdeckung des Gefühls zeigt sich vor allem in der Marienverehrung. In den Mirakelsammlungen des XII. Jahrhunderts, in denen Wunder der Gottesmutter berichtet wurden (z. B. im *Exordium magnum* Konrads von Eberbach, in *Liber miraculorum* Herberts von Clairvaux oder im *Liber de miraculis Sanctae Mariae* Bothos von Prüfening), ist Maria die Mutter, die für alle ihre Kinder da ist: sie tröstet, hilft, schützt, gibt Hoffnung, schenkt unfruchtbaren Frauen Kindersegen, vertreibt Dämonen, sorgt sich um Kranke, errettet vom Tod. Für alle ist sie *Mater misericordiae*, Mutter des

Erbarmens, *Mater pia, quae est miserorum iuvamen*, liebende Mutter, Hilfe der Elenden (Botho v. Prüfening, S. 36,37). Die Mutter Gottes sollte die Mutter aller Menschen sein. Da Maria ein ganz und gar menschliches Wesen war – nicht wie Jesus ein Gott, der Menschengestalt angenommen hat –, war sie auch am ehesten fähig, die Leiden der Menschen zu verstehen. Deswegen wandte man sich im Gebet direkt an sie. So z. B. das Arnsteiner Mariengebet, um 1150/60:

> Deshalb flehe ich dich an, nun liegt es an dir, Mutter, ob du mir, gütige Magd, zu seiner Gnade verhilfst. Verhelfe mir zur wahren Reue, daß ich meine Sünden mit inniglichen Tränen beweinen muß. Helfe mir mit Eifer, daß ich der Höllenstrafe niemals erliege, daß ich hinfort auch alle Dinge vermeide, die gegen Gottes Huld sind. Maria, Heilige Mutter Gottes, Maria, Trost der Armen, Maria, Stern des Meeres, Zuflucht der Sünder, Pforte des Himmels, Quelle des Paradieses, die du die Gnade über uns ausgeschüttet hast, die du uns Elenden das Vaterland erschlossen hast, reiche uns, Herrin, deine Hand! Sei uns behilflich, rette uns aus der großen Not, aus des Teufels Gewalt, der uns in unserer Mutter Eva gefällt hat. Nun fliehen wir alle zu dir … (Ketsch, Bd. 2, S. 97)

Die emotional enge Verbindung zu Maria zeigt sich sehr ergreifend in einem der berühmtesten Andachtslieder des XIII. Jahrhunderts, in dem die Menschen ihr Mitfühlen mit Marias Leiden ausdrücken.

1 Stabat mater dolorosa
iuxta crucem lacrimosa,
dum pendebat filius;
cuius animam gementem
contristantem et dolentem
pertransivit gladius.

Trauernde Frau

Chichester, Sussex, Kathedrale.

2 O quam tristis et afflicta
fuit illa benedicta
mater unigeniti!
Quae maerebat et dolebat
et tremebat, cum videbat
nati poenas incliti.

3 Quis est homo qui non fleret
matrem Christi si videret
in tanto supplicio?
Quis non posset contristari,
piam matrem contemplari
dolentem cum filio?

6 Sancta mater, illud agas,
crucifixi fige plagas
cordi meo valide;
tui nati vulnerati,
tam dignati pro me pati,
poenas mecum divide.

7 Fac me vere tecum flere,
crucifixo condolere,
donec ego vixero.
Iuxta crucem tecum stare,
te libenter sociare
in planctu desidero.

(Klopsch, S. 448-451)

1 Es stand die Mutter voller Schmerzen
nah dem Kreuze voller Trauer,
da ihr Sohn da hing;
ihre seufzende Seele,
die mittrauernde und mitleidende,
durchdrang ein Schwert.

2 Oh, wie traurig und niedergeschlagen
war sie, die gesegnete
Mutter des Eingeborenen!
Sie grämte sich und litt
und zitterte, da sie sehen mußte
die Pein ihres ruhmvollen Sohnes.

3 Gibt es einen Menschen, der nicht weinen müßte,
wenn er Christi Mutter sähe
in solcher Qual?
Wer möchte nicht mit ihr trauern
und die liebende Mutter betrachten,
wie sie mitleidet mit ihrem Sohne?

6 Heilige Mutter, das bewirke,
hefte die Wundmale des Gekreuzigten
fest in mein Herz;
deines wundenbedeckten Sohnes,
der sich herabließ, um meinetwillen zu leiden,
Pein teile mit mir.

7 Laß mich mit dir weinen,
mit dem Gekreuzigten mitleiden,
solange ich lebe;
nah dem Kreuze mit dir zu stehen,
mit dir von Herzen eins zu sein
im Jammer, das ersehne ich.

Im XII. Jahrhundert wurde Maria sowohl als Mutter und Magd als auch als Himmelskönigin und Herrin, fast als „Göttin", verehrt, doch sie thronte nicht über den Menschen wie Gottvater, sondern sie war ständig mit den Menschen. Sie ist die Vermittlerin zwischen Himmel und Erde.
Es gehört mit in diesen Zusammenhang, daß sich gerade in der Zeit der beginnenden Marienverehrung auch das Bild ihres Sohnes wandelt. Dies zeigt sich v. a. in der bildenden

Kunst: „Während die Skulpturen der Kirchen des XII. Jahrhunderts noch beherrscht waren von den Darstellungen des Herrscher- und Richtergottes auch am Kreuzesstamm und ihren höllisch- dämonischen Widerparten, hatten sich individuelle und soziale Mentalität und Mobilität, Inhalt und Stil von Fühlen, Glauben, Erkennen bereits tiefgreifend zu wandeln begonnen. In der Kunst wie in der Literatur wurde der Wandel im XII. Jahrhundert schon spürbar und im XIII. Jahrhundert sichtbar. Die menschliche Natur des leidenden Erlösergottes am Marterpfahl des Kreuzes trat immer stärker in den Vordergrund. Dieser Christus war ein *pauper*, ein gewaltloser, kleiner, erniedrigter, leidender Mensch, ein Bild des Jammers und der Verachtung ... Der lichtumstrahlte, in der *gloria dei* sitzende majestätische Christus wird abgelöst von einem menschlich leidenden. Dahinter stand eine neue Beseelung, eine neue Menschlichkeit und Frömmigkeit. Diese äußerte sich auch im großen Thema der Marienkrönung, in der die Kunstgeschichte die größte ikonographische Neuschöpfung des XII. Jahrhunderts sah.
Das alles waren Anfänge und Ersterscheinungen, die sich erst im XIII. Jahrhundert voll entfalteten und die göttlichen wie menschlichen Gestalten einander immer näher brachten, sie immer natürlicher machten“ (Bosl, S. 115 und S. 19). Maria, die menschliche Frau, wird gekrönt. Jesus Christus, der göttliche Sohn, wird in der erniedrigensten Situation seines Lebens dargestellt – leidend und sterbend am Kreuz. Auch hier zeigt sich die gleiche Wandlung, die wir noch in den Mirakelgeschichten und im Minnesang betrachten werden: Das, was die Menschen zu entdecken beginnen, der Ausdruck und Reflexion ihrer Gefühle, Hoffnungen und Ängste wird auch auf Gott übertragen.

Die Emotionalisierung Marias und ihres Sohnes bereitete den Boden für die Mystikerinnen des XIII. Jahrhunderts. In ihrer

Geißelung Christi

Marienkrönung

Geißelung Christi

Miniatur aus einem Psalterfragment.
Niedersachsen um 1210/20.
Privatbesitz, fol. 32^r.

In der linken Bildhälfte ist eine Schar von Juden zu sehen, erkennbar an den spitzen Hüten. Der vorderste klagt an: *hic dixit, filius dei sum*, dieser hat gesagt, ich bin der Sohn Gottes (oberes Spruchband). Pilatus, der vorne links in der Haltung eines Richters sitzt, d. h. die Beine übereinandergeschlagen, das Gerichtsschwert auf den Knien, erklärt: *nullam causam mortis invenio in eo*, ich finde bei ihm keinen Grund zur Todesstrafe. Pilatus ist als Hochadeliger gekleidet mit Pelzkappe, Tasselmantel, Beinlingen und Stiefeln.

Die beiden Schergen rechts, die das Urteil vollstrecken, haben ihre Röcke hochgeschürzt.

Christus ist über und über mit Wunden bedeckt. Sein zerschundener Körper zeigt das schwere Leid, das er erträgt.

Marienkrönung

Illustration vor dem Meßkanon aus einer Sammlung liturgischer Texte.
Weingarten, 2. Viertel XIII. Jahrhundert.
New York, Pierpont Morgan Library, M. 711, fol. 57^r.

Christus krönt die in den Himmel erhobene Maria. Maria neigt den Kopf, die linke Hand ist im Gestus des Staunens oder der Andacht erhoben, die rechte hält ein Blütenszepter. Daß die Krönung im Paradies stattfindet, bezeichnen die vier paradiesischen Flüsse, personifiziert durch vier junge Männer, die Wasser aus Krügen leeren. In der Bibelauslegung wurden die Paradiesflüsse oft mit den vier Evangelisten gleichgesetzt, die hier in den vier Ecken dargestellt sind: Matthäus als Engel, Johannes als Adler, Lukas als Stier und Markus als Löwe.

Majestas Domini

Chartres, Westfassade, um 1140/50.

Christus in der Mandorla, thronend, umgeben von den vier Evangelistensymbolen.

emotionalen Totalität öffneten sie sich einem (zum zweiten Mal) menschlich gewordenen Gott. War er bei seiner Geburt „Fleisch" geworden (Inkarnation), so wurde er im XII. Jahrhundert Empfindung. Frauen wie Mechthild von Magdeburg u. a. konnten sich ihm ganz hingeben, einem menschlich empfindenden Gott konnten sie als ganze! Menschen begegnen:

> Herr, die innige Liebe, die ich zu dir habe, die ist in sich selber so reich und vor deinen göttlichen Augen so groß: Wenn du es nicht wüßtest, Herr, so könnten es dir alle Sandkörner, alle Wassertropfen, alles Gras und Laub, Steine und Holz, alle toten wie lebenden Kreaturen, Fische, Vögel, Tiere, Würmer, Fliegendes und Kriechendes, Teufel, Heiden, Juden und alle deine Feinde, darüberhinaus alle deine Freunde, Menschen, Engel und Heilige, selbst wenn alle diese Personen sprechen könnten, wollten und ohne Unterlaß bis an den jüngsten Tag riefen, Herr, du weißt es wohl, sie vermögen dir nicht halb zu offenbaren die Absicht meiner Sehnsucht und die Not meiner Qualen und das Jagen meines Herzens und das Empordrängen meiner Seele. (Schmidt, S. 76)

Aus dem Jesuskind, dem man sich mit Fürsorge nähern konnte, und dem am Kreuz sterbenden Christus, mit dem man bis an die äußersten Grenzen mitleiden konnte[1], wurde ein Mann, ein Geliebter und Liebender. Die Frauen des XIII. Jahrhunderts gingen einen großen Schritt weiter: sie öffneten sich nicht nur hinsichtlich der gesellschaftlich akzeptierten Gefühle einer Mutter (fürsorglich und mitleidend), sondern sie begegneten in ihrer Ganzheit als erotisch-sinnliches Wesen einem männlichen Gott, von dem sie sich begehrt glaubten.

[1] Wie z. B. Theresa von Avilla, die sich so stark Christus und seinem Leiden öffnete, daß sie seine Wundmale empfing.

Maria mit Kind

Gott formt Adam

Maria mit Kind

Miniatur aus einem Psalter aus Kloster Schönsteinbach, Elsaß, bald nach 1253. Donaueschingen, Fürstl. Fürstenbergische Hofbibliothek, cod. 185, fol. 7^v.

Im Zentrum des Bildes ist Maria mit dem Kind, liebevoll wendet sie sich ihm zu, hat es zärtlich im Arm, beide schmiegen die Köpfe aneinander. Ganz unten im Bild liegt der Stammvater Jesse, die „Wurzel Jesse". Oben im Bild stehen die königlichen Vorfahren Marias, David und Salomo, unten die Propheten Isaias und Jeremias.

Über Marias Haupt und neben ihr fliegen sieben Tauben, die sieben Geistesgaben Gottes.

Gott formt Adam

Kathedrale von Santiago de Compostela, linkes Tor zum südlichen Querschiff, bald nach 1100.

Dieses Werk ist ein faszinierendes Beispiel für den Ausdruck des Gefühls der Gottesnähe des Menschen, bzw. für die Menschennähe Gottes.

Mechthild von Magdeburg ruft Gott an:

> O du gießender Gott in deiner Gabe!
> O du fließender Gott in deiner Minne!
> O du brennender Gott in deiner Sehnsucht!
> O du verschmelzender Gott in deiner Einung mit deinem Lieb!
> O du ruhender Gott an meinen Brüsten!
> Ohne dich kann ich nicht mehr sein ...
> Gott, du bist mein Spiegelberg,
> meine Augenweide, ein Verlust meiner Selbst,
> ein Sturm meines Herzens,
> ein Fall und Untergang meiner Kraft,
> meine Höchste Sicherheit.
> (Schmidt, S. 77)

Diese dionysischen Züge einer auf Keuschheit und Sinnesabtötung bedachten Religion konnten natürlich nicht akzeptiert werden. Das sinnlich begehrliche Sehnen nach einem männlichen Gott mußte eine Bedrohung für die Kirche sein und durch Seelsorge, die eine Sache der Männer war, in die richtigen Bahnen kanalisiert werden. Die Emotionalisierung des Gottesbildes, die durch die Frauen bis zur erotisch-sinnlichen Erfahrung Gottes vorangetrieben wurde, konnte sich gegen das von den Männern intellektualisierte Gottesbild nicht durchsetzen.[2] Die weibliche Art der Gottesbegegnung, die fortsetzte, was Bernhard von Clairvaux begonnen hatte, wurde nicht als Wahrheit und Gotteserkenntnis gewürdigt. Hingegen schienen die spekulativen Annäherungen an das Sein Gottes, die intellektuellen Gottesbeweise, die einzigen Methoden der Wahrheitsfindung zu sein. Leider konnte beides nicht in Einklang gebracht werden.

---

[2] Zum Beispiel Thomas von Aquin, „Gott ist vollendete Wirklichkeit, reine Aktualität" (Flasch, S. 292).

Verhältnis zwischen Mann und Frau im Minnesang

In Analogie zur Marienverehrung der Kleriker entstand im XII. Jahrhundert der Frauendienst der Ritter. Vor allem der Hohe Minnesang zeigt deutliche Parallelen zur Marienverehrung der Kleriker. Der Ritter war ganz seiner Minnedame in Liebe ergeben, in ihrem Dienst zog er aus, Abenteuer (*aventuire*) zu bestehen. Die letztendliche (sexuelle) Erfüllung war ihm jedoch versagt, denn bei den angebeteten Damen handelte es sich um verheiratete Frauen. Ziel der „Liebesverbindung" war die Veredelung, d. h. mit Freud gesprochen die Sublimierung der „unreinen" Triebe. An die Stelle der Liebeserfüllung trat die Entsagung. Der Lohn dieses Dienstes, bei dem die Nicht-Erfüllung mit eingerechnet, ja als eine Bedingung angesehen wurde, war die Verfeinerung und die Bereicherung innerer Qualitäten, nämlich edler Charakter, innere Freude und Kraft.
Die Quintessenz des Hohen Minnesangs ist bei Albrecht von Johannsdorf formuliert. Er besingt eine Dame, die ihn barsch zurückweist:

Sol mich dan mîn singen
und mîn dienst gegen iu nict vervân?

Soll mir denn mein Sang
und mein Dienst für euch nichts einbringen?

Iu sol wol gelingen,
âne lôn sô sult ir niht bestân.

Ihr sollt schon Erfolg haben,
ohne Lohn sollt ihr nicht bleiben.

Wie meinent ir daz, frouwe guot?

Wie meint ihr das, edle Herrin?

Daz ir dest werder sint unde dâ bî hôchgemuot.

Daß ihr umso edler seid und zugleich freudig und stolz.

(Brackert, S. 68f.)

Daß sich eine solche, auf Frustration aufgebaute „Psychotherapie“ nicht lange halten konnte, leuchtet ein. Schon am Ende des XII. Jahrhunderts singt Hartmann von Aue, daß er sich nur noch Frauen suchen will, die ihm seine Liebe auch erwidern:

In mîner tôrheit mir beschach,
daz ich zuo zeiner frouwen gesprach:
‚frouwe, ích hân mîne sinne
gewant an iuwer minne.‘
dô wart ich twerhes an gesehen.
des wil ich, des sî iu bejehen,
mir wîp in solher mâze spehen,
diu mir des niht enlânt beschehen.

In meiner Unerfahrenheit ist mir einmal geschehen,
daß ich zu einer Dame sagte:
‚Herrin, all mein Begehren
ist auf Eure Minne gerichtet.‘
Da wurde ich vielleicht komisch von der Seite angesehen,
und deshalb, das sage ich euch in aller Deutlichkeit,
werde ich mein Auge nur auf solche Damen werfen,
bei denen mir so etwas nicht geschehen kann.

(Brackert, S. 114f.)

Noch krasser sagt es Walther von der Vogelweide, als er über ein Liebesverhältnis zu einer Dame nachdenkt :

Der Herzog von Anhalt

Herr Gottfried von Neifen

Der Herzog von Anhalt

Illustration aus der Manesseschen Liederhandschrift.
Zürich(?), Anfang XIV. Jahrhundert.
Universitätsbibliothek Heidelberg, Cod. Pal. germ. 848, fol. 17^{r}.

Zu sehen ist ein Turnierkampf, der „Buhurt", bei dem Schar gegen Schar reitet. Der Herzog von Anhalt und zwei seiner Gefährten sind als Sieger gezeigt. Sie halten die Köpfe ihrer Gegner unter den Arm geklemmt und holen zum Schlag aus, zwei Helme der Gegner liegen schon am Boden. Auf der Tribüne sieht man die Damen, die sich durch Handzeichen über das Kampfgeschehen verständigen.

Herr Gottfried von Neifen

Illustration aus der Manesseschen Liederhandschrift.
Zürich(?), Anfang XIV. Jahrhundert.
Universitätsbibliothek Heidelberg, Cod. Pal. germ. 848, fol. 32^{v}.

Zu sehen ist der Dichter, als solcher erkennbar durch das Schriftband, das er in der Hand hält, der um eine Dame wirbt. Sie scheint sich allerdings von ihm abzuwenden, worüber er sehr bekümmert den Kopf in die Hand legt.

Dô mich dûhte daz si waere guot,
wer was ir bezzer dô dann ich?
dêst ein ende, swaz si mir getuot,
des mac ouch si verwaenen sich.
nimet si mich von dirre nôt,
ir leben hât mînes lebennes êre; stirbe ab ich, sô ist si tôt.

Sol ich in ir dienste werden alt,
die wîle junget si niht vil.
so ist mîn hâr vil lîhte alsô gestalt,
dazs einen jungen danne wil.
sô helfe iu got, hêr junger man,
sô rechet mich und gêt ir alten hût mit sumerlaten an.

Als ich noch an ihre Güte glaubte,
wer war da aufmerksamer zu ihr als ich?
Damit ist es jetzt zu Ende. Was sie mir auch antut,
das hat sie auch von mir zu erwarten.
Befreit sie mich aus meiner Qual,
dann hat ihr Leben Teil an meinem Ansehen;
gehe ich jedoch zugrunde, so ist auch sie tot.

Wenn ich in ihrem Dienst alt werde,
wird auch sie derweil nicht gerade jünger.
Dann sieht mein Haar vielleicht schon so aus,
daß sie einen jungen Liebhaber will.
Dann Gott mit euch, junger Mann!
So rächt mich und gerbt mit frischen Sommerzweigen
ihre alte Haut!

(Brackert, S. 144)

Im Werk Walthers von der Vogelweide können alle Etappen des Minnesangs abgelesen werden. In seinen späten Minneliedern, den „Mädchenliedern“, schwört er ganz dem Ideal der „Veredelung durch Verzicht“ ab und besingt die erfüllte körperliche Liebe:

Under der linden
an der heide,
dâ unser zweier bette was,
dâ mugent ir vinden
schône beide
gebrochen bluomen unde gras.
vor dem walde in einem tal,
tandaradei,
schône sanc die nahtegal.

Ich kam gegangen
zuo der ouwe,
dô was mîn friedel komen ê.
dâ wart ich enpfangen,
hêre frowe!
daz ich bin saelic iemer mê.
kust er mich? wol tûsentstund.
tandaradei,
seht wie rôt ist mir der munt.

Dô het er gemachet
alsô rîche
von bluomen eine bettestat.
des wirt noch gelachet
inneclîche,
kumt iemen an daz selbe pfat.
bî den rôsen er wol mac,
tandaradei,
merken wâ mirz houbet lac.

Daz er bî mir laege,
wessez iemen
(nu enwelle got!), sô schamt ich mich.
wes er mit mir pflaege,
niemer niemen
bevinde daz, wan er und ich
und ein kleinez vogellîn,
tandaradei,
daz mac wol getriuwe sîn.

Unter der Linde
auf der Heide,
wo unser beider Lager war,
da könnt ihr noch
Blumen und Gras,
schön gebrochen, finden.
Vor dem Wald in einem Tal,
tandaradei,
schön sang die Nachtigall.

Ich kam gegangen
zu der Aue.
Da war mein Liebster schon vorher gekommen.
Da wurde ich empfangen,
bei der Jungfrau Maria,
daß ich auf immer glücklich sein werde.
Küßte er mich? Wohl tausendmal,
tandaradei,
seht, wie rot mein Mund ist.

Da hatte er
so prächtig
von Blumen ein Lager bereitet.
Darüber wird noch lächeln
voller Einverständnis,
wer des Wegs daherkommt.
An den Rosen kann er genau,
tandaradei,
erkennen, wo mir der Kopf lag.

Daß er bei mir gelegen hat,
wenn es jemand wüßte,
(das verhüte Gott!), so schämte ich mich.
Was er mir tat,
niemand jemals
möge das erfahren als er und ich
und ein kleines Vögelein,
tandaradei,
das wird wohl verschwiegen sein. (Brackert, S. 151ff.)

In einem anderen Lied formuliert Walther seine Idealvorstellung von der Beziehung zwischen Mann und Frau, die ganz und gar gleichwertig sein soll:

Frouwe, dû versinne
dich ob ich dir zihte maere sî.
eines friundes minne
diust niht guot, da ensî ein ander bî.
minne entouc niht eine.
si sol sîn gemeine,
sô gemeine daz si gê
dur zwei herze und dur dekeinez mê.

Herrin, denke darüber nach,
ob ich dir irgendetwas bedeute.
Die Liebe eines Liebenden
ist nichts, wenn nicht die des andern hinzukommt.
Liebe, die nur einer allein empfindet, taugt nichts.
Sie soll gemeinsam sein,
und zwar so gemeinsam, daß sie
zwei Herzen durchdringe und keins sonst.

(Brackert, S. 148f.)

Auch im Versepos *Tristan und Isolde* von Gottfried von Straßburg, entstanden in den ersten Jahren des XIII. Jahrhunderts, wird eine gleichwertige Liebesbeziehung verherrlicht:

Ich wil in wol bemaeren
von edelen senedaeren,
die reiner sene wol taten schîn:
ein senedaere und eine senedaerin,
ein mân ein wîp, ein wîp ein mân,
Tristân, Isolt, Isolt Tristân.

> Ich will ihm [dem Zuhörer] in rechter Weise berichten
> von vornehmen Liebenden,
> an denen sich vollkommene Leidenschaft bewies:
> ein Liebender, eine Liebende,
> ein Mann, eine Frau, eine Frau, ein Mann,
> Tristan, Isolde, Isolde, Tristan.
>
> (Krohn, S. 17)

Allein die Tatsache, daß es dreißig Jahre lang Thema war, durch unerfüllte Liebe in tiefere Gefühlsbereiche vorzustoßen und die „niedrigen" Triebe zu „höheren", edleren Empfindungen zu transformieren, macht deutlich, wie radikal sich das Bewußtsein verändert hat.
Die Sänger, die der unerreichbaren Frau huldigten, stießen auf einen inneren Raum, der nur entstehen kann, wenn man sich entschließt, eine Spannung der Unerfülltheit auszuhalten und dabei seiner selbst gewahr zu bleiben. Daß Empfindungen wie Sehnsucht, Traurigkeit, Niedergeschlagenheit ausgedrückt werden können, setzt voraus, daß sie überhaupt als solche wahrgenommen werden. Wenn dann noch die (rein theoretische) Idee dazukommt, man könne in der Niedergeschlagenheit und im Abgewiesensein seine starken Empfindungen zu höheren Werten läutern, sagt das eine ganze Menge aus über die Einstellung, die man den inneren (im Gegensatz zu den äußeren) Kräften beimaß.

Das Gewahrwerden der eigenen Gefühle war möglich, weil die Bezugspunkte in ihrer Polarität bestehen blieben, ohne daß die Spannung (durch Erfüllung) gelöst worden wäre oder die eine Seite sich über die andere gestellt und somit eben diesen Raum zerstört hätte. Von der Schönheit der Frau fasziniert, brachte der Mann das zum Ausdruck, was im Raum der Unerfülltheit (also der aufrechterhaltenen Spannung) auftauchte: seinen Empfindungen und Ängste, seine Hoffnung und Furcht. Dabei spielt die Schönheit, die gepriesen, angenommen und genossen wird, eine wichtige Rolle. Heinrich von Morungen im Lied an eine Frau:

Mich entzündet ir vil liehter ougen schîn,
same daz viur den durren zunder tuot,
und ir fremeden krenket mir daz herze mîn
same daz wazzer die vil heize gluot,
und ir hôher muot
und ir schoene und ir werdecheit
und daz wunder, daz man von ir tugenden seit,
daz wirt mit vil übel – oder lîhte guot?

Swenne ir liehten ougen sô verkêrent sich,
daz si mir aldur mîn herze sên,
swer dâ enzwischen danne gêt und irret mich,
dem muoze al sîn wunne gar zergên.
ich muoz vor ir stên
unde warten der fröiden mîn
rehte alsô des tages diu kleinen vogellîn.
wenne sol mir iemer liep geschên?

Der helle Glanz ihrer Augen entflammt mich
wie das Feuer den dürren Zunder,
und ihr Fernsein bringt mein Herz zum Erlöschen
wie das Wasser die heiße Glut;
und ihre hochgestimmte Freude,
ihre Schönheit, ihr Ansehen,
und das Wunderbare, das man von ihrer Vollkommenheit sagt,
das wird mit zum Unheil – oder auch vielleicht zum Glück.

Immer wenn ihre strahlenden Augen sich einmal dahin verirren,
daß sie mir durch und durch ins Herz blicken,
und wer dann dazwischen steht und mich stört,
dem soll sein Glück zerrinnen.
Denn ich steh dann da

und halte Ausschau nach meiner Herrin,
genauso wie die keinen Vöglein nach dem Tag.
Wann wird mir jemals Freude zuteil?

(Brackert, Minnesang, S. 84f.)

Der Minnesang begann analog zur Marienverehrung mit der Huldigung einer edlen Dame. Doch er blieb nicht dabei stehen. In der weiteren Entwicklung kam es zur Absage an die verzichtende Hohe Minne und in einem nächsten Schritt sogar zu einer Konzeption einer gleichberechtigten Liebesbeziehung, wie von Walther von der Vogelweide gefordert (Bsp. Frouwe, du versinne, S. 114).

Mirakelsammlungen als psychologische Fundgrube: Die Frau – Mutter oder Verführerin?

Engelhard von Langheim hatte die Geschichte Hildegunds in die Wundergeschichten einer Mirakelsammlung eingereiht. In den Mirakelsammlungen des Mittelalters wurden „Wunder“ zusammengetragen, die durch Beispiele der wunderbaren Kraft Gottes das Vertrauen der Menschen stärken und/ oder sie durch negative Beispiele vom falschen Weg abhalten sollten.

Da diese Geschichten ab dem XII. Jahrhundert vorwiegend aus der Feder einfacher Mönche stammten, geben sie ein genaues Bild der Hoffnungen und Befürchtungen des „Normalklerikers“ wieder. Die Wunder, die wir aus früheren Jahrhunderten kennen, waren entweder von großen Heiligen gewirkt oder zumindest von berühmten Männern verfaßt worden[3]. Die Mirakelgeschichten des XII. Jahrhunderts dagegen erzählen von Wundern im Zusammenhang mit größtenteils unbekannten Menschen.

Damit steht uns ein wichtiges Quellenmaterial über das Frauenbild jener Zeit zur Verfügung, und zwar jenseits der offiziellen Berichte. Interessant ist in diesem Zusammenhang, daß es den Zisterzienserklöstern verboten war, Bücher zu veröffentlichen, die nicht vorher vom Generalkapitel gesehen und abgesegnet worden waren; diese Zensur fand aber in der Praxis kaum statt.

Blickt man via Mirakelgeschichten in die Seelen der Menschen, so stellt man fest, daß die Menschen des XII. Jahrhunderts von zwei gegengesetzten Polen beherrscht waren: vom Himmel und von der Hölle. Die Hölle drohte demjenigen, der sein Leben in Sünden verbracht hatte und gestorben war, ohne seine Vergehen bereut und gebeichtet zu haben. Den Sünder erwarteten Feuerschlünde, kalte Höllen[4], erstikkende Sümpfe und andere Marterorte. Es ist ein zutiefst grauenvolles Inferno, ein Abbild der ungeheuren Ängste, die die Menschen jener Zeit in sich trugen und sie in ständiger Panik vor dem Jenseits gehalten haben muß. Nach dem Tod kam die Abrechnung: die Guten kamen in die Nähe Gottes, in die Gefilde der Engel, die Schlechten zu den Stätten ewiger Verdammnis.

---

3 Vgl. Gregor der Große, Dialogi; Gregor von Tours, Miracula.

4 Bis zum XIII. Jahrhundert gab es noch die Vorstellung der kalten Höllen. Diese dienten nicht, wie man später dachte, der Linderung der Qual als Orte der Abkühlung, sondern waren als Orte von unerträglicher Kälte ebenso grausam wie die Feuerhöllen (siehe Le Goff S. 239).

Die Hölle

Herrad von Landsberg, Hortus Deliciarum, fol. 255.
Odilienberg (Elsaß), Ende XII. Jahrhundert.
(Original am 25. August 1870 bei der Belagerung der Stadt Straßburg verbrannt).

Zu sehen sind vier Straforte mit verschiedenen Folterqualen:

Links oben ein Selbstmörder, daneben die Unzüchtigen, die jetzt in der Hölle von Schlangen umzüngelt werden. Überall schlagen Flammen hervor, und es stinkt erbärmlich, einzelne Sünderseelen am Bildrand halten sich die Nase zu.

Im zweiten Streifen ist eine Kindsmörderin zu sehen, die ein blutiges Kind verschlingen muß. In der Mitte werden einem Sünder die Ohren abgeschnitten.

Im dritten Streifen werden Juden (erkennbar an den Judenhüten) gekocht, im Kessel daneben Ritter.

Ganz unten wird einem Mönch mit praller Geldtasche seine zukünftige Strafe gezeigt, er wird zu einem Sünder geführt, der seinen Geiz damit büßen muß, daß Teufel ihn zwingen, Geld zu schlucken; sein Bauch ist davon schon zum Platzen voll. Ganz rechts ist der Satan zu sehen. Er ist in der Hölle festgekettet, auf seinem Schoß sitzt der Antichrist.

Wahrscheinlich stand die Hölle den Menschen damals allein schon durch ihre Alltagserfahrungen viel plastischer vor Augen, als wir uns heute vorstellen können. Sie waren viel mehr von sichtbaren Leiden umgeben als wir: Leute starben auf den Straßen, es gab viele verstümmelnde und entstellende Krankheiten, keine medizinische Versorgung und keine Hygiene, so daß wohl nur sehr selten schöne Menschen zu sehen waren[5]. Auf dem Hintergrund dieses Gruselkabinetts erscheinen die Engel, Maria und das Jesuskind umso strahlender, schöner und reiner. Sie sind von anmutiger Gestalt und makelloser Reinheit; Glanz umgibt sie, und Wohlgerüche gehen von ihnen aus.

Diese Polarität – strahlendes Licht und Güte auf der Seite des Göttlichen und Höllenqualen auf der Seite des Teuflischen – spiegelt sich im Frauenbild der Mönche wieder: die helle Seite ist vertreten durch Maria, die treusorgende, liebevolle Mutter, die dunkle Seite durch das verführerische Mädchen, die Hure.
Sehr viele Zisterziensermirakel haben Maria zum Thema (siehe Kapitel „Gottesmutter"). Sie erscheint in Visionen als Schützerin und Helferin.
Maria ist in fast allen Mirakeln beschrieben als himmlische Mutter. Auf sie werden alle Vorstellungen von Mütterlichkeit projiziert, ihr bringt man Vertrauen und Liebe entgegen.

Das andere Frauenbild, das in den Mirakelgeschichten auftaucht, sind die *Imagines diaboli*, teuflische Trugbilder. Die *puella lasciva*, das aufreizende Mädchen, das die „unreinen

---

[5] Wer die Verfilmung von Umberto Ecos *Der Name der Rose* gesehen hat, erinnert sich sicher an die unglaublich häßlichen Mönche.

Sehnsüchte des reizbaren Fleisches“ anstachelt (*lascivientis carnis inmundo desiderio*) geistert den Mönchen im Kopf herum. Geben die Mönche ihren Begierden nach, erwartet v. a. die „Mehrfachtäter“ der Schlund der ewigen Hölle, und Gott der Herr wird diese in ewiger Zukunft den höllischen Flammen übergeben *(et dominus deus eos in futuro gehennalis flammis perpetuo tradet*, Codex Sal. IX, 31, fol. 102^{v}).
In einem Salemer Mirakel wird erzählt, wie ein junger Klosterbruder mit einem attraktiven jungen Mädchen eine Verabredung trifft:

> Er selbst sprach sie ziemlich übermütig an, ob sie die folgende Nacht heimlich zu ihm ins Bett kommen wolle. Sie machten untereinander ein Zeichen aus. Sie sollte an der Tür ein bestimmtes Klopfzeichen geben. Gleich darauf wollte er von innen die Tür öffnen und seine Sehnsüchte stillen und dann die Umarmungen, nach denen ihn verlangte, genießen. Nachts, als der Kleriker in seinem Bett lag und auf die Erfüllung der Abmachung wartete, hörte er das vorher zwischen ihnen abgemachte Klopfen. Und sogleich erhob er sich vom Bett und öffnete die Tür. Und voll übermütiger Freude empfing er das Mädchen, mit dem er vorher die Verabredung zu „unanständiger“ Liebe getroffen hatte, umarmte es und führte es bis zu seinem Bett. Und als er schon „die Dinge der Venus“ beginnen wollte, erinnerte er sich an die Weisung seines Vaters, vor jeder Handlung das Zeichen des heiligen Kreuzes zu schlagen, er tat es, und schlug das Zeichen des heiligen Kreuzes über die schändliche Person. Und sogleich verschwand das teuflische Abbild zwischen seinen Armen … (Übersetzt aus Cod. Sal. IX, 31, fol. 102^{v})

In diesem Mirakel wird ganz klar ersichtlich, wie paradox die Einstellung der Männer gegenüber den Frauen ist. Denn der Mönch spricht das Mädchen als erster an, er ist es, der die „sündige Tat“ einfädelt. Aber es sind die „unreinen Sehn-

Dämon, der eine Seele verschlingt

Aus dem Chor der Peterskirche von Chauvigny bei Poitiers, von einem Meister Gotfridus. Frühes XII. Jahrhundert.

süchte" des Mannes, die er sich anscheinend nicht eingestehen kann und so seine Wünsche auf die Frau projizieren muß, um als verführter Unschuldsengel gerade noch der Sünde zu entgehen.
Die Wertung, ob eine Frau Mutter oder Verführerin ist, hat selten mit der Frau zu tun, es sind die Projektionen der Männer, die eine Frau als die eine oder andere betrachten.

Gott erschuf die Frau als Spiegel seiner Schönheit

Neben der Öffnung für emotionale Bereiche ist die Hochschätzung der körperlichen Schönheit der Frau und der Kraft des Mannes ein weiteres Kennzeichen für den Wandel, der im XII. Jahrhundert auf verschiedenen Ebenen stattfand. Hier war es vor allem Hildegard von Bingen, die das Bild ihrer Geschlechtsgenossinnen in ein positiveres Licht rückte.

> O quam magnum est in viribus suis latus viri,
> de quo Deus formam mulieris produxit,
> quam fecit speculum omnis ornamenti sui
> et amplexionem omnis creaturae suae.
>
> Wie groß ist in ihren Kräften die Seite des Mannes,
> aus der Gott die Gestalt der Frau schuf,
> die er zum Spiegel seiner ganzen Schönheit machte
> und zur Umarmung seiner ganzen Schöpfung.
>
> (Hildegard von Bingen, Lieder, S. 226)

Hildegard von Bingen sieht Mann und Frau als sich ergänzende Polaritäten, die einander bedürfen. Der Mann ist

mannhaft in seiner Kraft (*de viriditate virilis*) und überaus stark (*fortissimus*). Das rührt von den Umständen seiner Erschaffung her: Adam wurde von Erde geschaffen und „mit den Elementen aufgeweckt“. Eva dagegen, weil sie aus der Rippe Adams geschaffen ist, ist weicher, sie hat eine mehr „luftartige Gesinnung“, eine sehr feine Kunstbegabung und eine „kostbare Lebendigkeit“, weil die Last der Erde sie nicht so sehr bedrückt. Aus ihr geht das ganze Menschengeschlecht hervor (Hildegard von Bingen, Heilkunde, S. 103). So sind die Anlagen von Mann und Frau einander komplementär zugeordnet. Die Frau ist *nicht* weniger wert.
Schönheit um der Schönheit willen, v. a. weibliche Schönheit, die sich in ihrer ganzen Freude und in ihrem ganzen Glanz zeigt, um in dieser Schönheit Gott, ihrem Schöpfer, zu gefallen und ihm zu danken, das war für die Klerikergenerationen früherer Jahrhunderte nicht denkbar und scheint es auch heute noch nicht zu sein. Man mußte allen Annehmlichkeiten und allem Reichtum entsagen. Von höchster Vorbildlichkeit waren Königinnen, die ihre prachtvollen Gewänder und ihr Geschmeide ablegten, um reumütig Gott zu dienen.

Hildegard von Bingen durchbrach das schönheitsfeindliche Konzept der Kirche. An bestimmten Festtagen kleideten sich die Nonnen in Hildegards Kloster mit leuchtend weißen Seidenschleiern, trugen ihr Haar offen, hatten goldgewirkte Kränze auf dem Haupt und goldene Ringe an den Fingern. Daß dieses „Sich-Schmücken“ Empören auslöste, kann man einem Brief, den die Meisterin Tengswich von Andernach an Hildegard schrieb, entnehmen. Tengswich spricht die ungewöhnlichen Zustände in Hildegards Kloster an und zitiert, um ihrem Mißfallen begründeten Nachdruck zu verleihen, die höchste Autorität, die Bibel:

Obwohl doch der erste Hirte der Kirche [Paulus] in seinem Brief derartiges verbietet, wobei er in folgenden Worten mahnend spricht: „Die Frauen sollen sich mit Schamhaftigkeit schmücken und nicht durch gelockte Haare noch durch Gold oder durch Perlen noch durch kostbare Kleidung." (1. Tim 2,9)

Hildegard geht in ihrem Antwortschreiben Punkt für Punkt auf die Vorwürfe ein und schreibt, daß eine Frau, wenn sie einem irdischen Mann verbunden ist, sich in großer Schamhaftigkeit verborgen halten solle, denn sie sei durch Gott ihrem Gemahl verbunden und solle sich keinem anderen geben. Dies treffe jedoch nicht auf die Jungfrauen im Kloster zu. Denn diese sind Gott vermählt. Wörtlich schreibt sie:

Eine Frau darf sich nicht mit ihrem Haar erhöhen und schmükken und aufrichten durch die Kostbarkeit einer Krone oder eines goldenen Gegenstandes – außer mit dem Willen ihres Mannes gemäß dem, was diesem im rechten Maß richtig erscheint.

Das betrifft nicht die Jungfrau. Diese steht vielmehr in der Ursprünglichkeit und Unversehrtheit des schönen Paradieses ... Der Jungfrau ist nicht die Bedeckung ihres Hauptes vorgeschrieben, sondern sie bedeckt es aus eigenem Willen, in tiefer Demut, da ja der Mensch die Schönheit seiner Seele versteckt, damit sie nicht wegen des Hochmuts der Habicht raube.

Die Jungfrauen sind im heiligen Geist und in der Morgenröte der Unschuld vermählt. So schickt es sich, daß jene vor dem höchsten Priester wie ein Gott geweihtes Brandopfer erscheinen. Deshalb gebührt es sich dank der Erlaubnis und dank der Enthüllung im mystischen Atem des Fingers Gottes, daß die Jungfrau ein weißes Kleid anlegt, worin sie ein deutliches Zeichen der Verlobung mit Christus sieht, damit ihr Sinn in Unversehrtheit gefestigt werde und sie auch betrachte, wer jener sei, dem sie verbunden ist." (Bookmann, S. 213-216, siehe PL 197, 337 B – 338 D)

Die Jungfrau soll sich für ihren Bräutigam schmücken, sie soll in der vollen grünenden Kraft ihrer Blüte vor ihm stehen (*in plena viriditate floris virgae*, in der vollen Grünkraft der Blüte am Reis). *Viriditas*, die Grünheit, das Grünende und Sprossende, die sich ihrer Potentialität bewußtseiende Kraft, ist eines der Schlüsselworte für Hildegards Werk. Das Wort wurde von Hildegard selbst geprägt und steht in enger Verbindung zur *Virgo*, der Jungfrau. *Virga*, der Stab, das Reis, an dem die Blüten wachsen, *viriditas*, die grünende Kraft, und *virgo*, die Jungfrau, gehören etymologisch zusammen. Dieses Konzept der Jungfrau steht in völligem Gegensatz zur Abtötung des Fleisches, das in den Klöstern durch Fasten und Geißelungen und andere Bußpraktiken gehandhabt wurde. Es ist das Konzept der Entfaltung, der Fülle, des Aufblühens und Verströmens. Die Jungfrau ist die, die das „Grüne" in sich verkörpert. Sie ist schwellend in der Kraft der Schöpfung.

Hildegards Jungfrauen beziehen sich auf Maria. Denn in sie, in ihren Körper trat Gott ein, um selbst Materie zu werden[6]. Das Göttliche, per se das Unbegreifbare und nicht Vorstellbare, wurde Körper im Leib einer Frau. Hildegard nahm das Werden des Gottessohnes ganz wörtlich und konkret: Göttliches strömte ein in die Frau Maria und wurde auf geheimnisvolle Weise Fleisch, d. h. menschlich: *Nam haec superna infusio in te fuit, quod supernum Verbum in te carnem induit*, „denn die Kraft des Höchsten strömte in sie ein, so daß das ewige Wort Fleisch anzog" (Hildegard von Bingen, Lieder, S. 222).

---

[6] Wieder sind etymologische Verbindungen herzustellen: *materia*, der Urstoff, und *mater*, die Mutter.

Dies ist ein freudig jubelndes Ja zum Dasein als leiblicher, konkreter Mensch. Es ist eine Feier des Wesens der Frau, eine Heiligung des Weiblichen als der Urform, der *materia*.

> Nam in mystico mysterio Dei
> illustrata mente Virginis
> mirabiliter clarus flos
> ex ipsa Virgine exivit.
> Cum supernus Pater claritatem Virginis attendit,
> ubi Verbum suum in ipsa incarnari voluit.
>
> (Hildegard, Lieder, S. 228)
>
> In der Geheimnistiefe Gottes
> wurde das Bewußtsein der Jungfrau hell erleuchtet und
> wunderbar ging aus ihr hervor
> eine hellstrahlende Blüte.
> Der himmlische Vater blickte auf das Strahlen dieser Jungfrau,
> da er ja wollte, daß sein Wort in ihr Fleisch werden sollte.

Das Lied drückt eine selbstbewußten Freude aus, denn es bedeutet im Klartext: Gott fühlte sich hingezogen zu einer Frau, weil in ihr so viel Licht war, sie war *lucida mente, claritas*. Ein Licht, das dem seinen entsprach. Licht, Klarheit, Leuchtkraft, Glanz ist im Kontext von Hildegards Werk Gott selbst. Wenn Hildegard Maria *lucida materia* nennt, also lichtdurchstrahlten Urstoff, hat sie damit den Schritt gemacht, den die Kirche umgehen wollte: Nicht nur Gott wird Mensch (*Verbum incarnari voluit*, das Wort wollte Fleisch werden), auch ein Mensch, nämlich Maria, wird Gott: *lucida materia, lucida mente*, lichtdurchstrahlte Materie, lichtdurchstrahlter Geist, also ein von Gott durchflossenes Wesen.

> O quam magnum miraculum est,
> quod in subditam femineam formam

Rex introivit.
Hoc Deus fecit,
quia humilitas super omnia ascendit.
Et o quam magna felicitas est
in ista forma.

(Hildegard, Lieder, S. 222)

Wie groß ist das Wunder!
In die Demuts-Gestalt einer Frau
trat der König ein.
So handelte Gott,
weil die Demut alles übersteigt.
O welche Glückseligkeit
birgt diese Gestalt!

Hildegards ungeheuer kühne Aussage, daß die Frau als Inbegriff der Materie göttlich wird, konnte von den Zeitgenossen in dieser Konsequenz nicht nachvollzogen werden. Aber im Kontext von Hildegards Gesamtwerk scheint es mir erlaubt, den Schluß zu ziehen, daß Hildegard eine „durchgöttlichte" Welt vor Augen hatte, die sich in der Frau, dem Urschoß aller Dinge, manifestierte.

Eine neue Konzeption von Weiblichkeit im XII. Jahrhundert?

Die völlig neue Bewertung des Leiblichen, der Schönheit und der Frau ist nicht nur bei Hildegard von Bingen zu finden. Schon die Schriften der philosophischen Schule der Viktoriner in Paris waren von ähnlicher Diesseitsbejahung geprägt.

Hugo von St. Victor hatte 1137 geschrieben, daß es einen stufenweisen Aufstieg bis zum Göttlichen gebe, der von den *visibilia*, den sichtbaren Dingen, zu den *invisibilia*, den unsichtbaren Dingen führe. Betont wird die innere Verwandtschaft zwischen den realen Dingen und dem Unsichtbaren, dem Geistigen[7]. Einer der Grundgedanken viktorinischer Mystik ist, daß die unsichtbare, geistige Natur Gottes in Analogie zur sichtbaren Welt, der Schöpfung Gottes, erkannt werden könne. Das bedeutet aber, daß das stoffliche Dasein als gut angesehen werden muß.

Bisher wurde der Mann immer mit dem Geist identifiziert, die Frau mit der Materie. Sie war deshalb schon von der fundamentalsten Bestimmung her weniger wert. Das Männliche war verkörpert durch das Lichtprinzip, den Geist, Gottvater, das Weibliche durch das Dunkle, die Erde, die Mutter. Wenn im XII. Jahrhundert jetzt Ansätze gemacht werden, den Stoff, das Kreatürliche, das Reale aus seinem wertlosen

---

[7] Per visibilia invisibilium veritas demonstrata est; quia non potest noster animus ad invisibilium ipsorum veritatem ascendere, nisi per visibilium considerationem eruditus, ita videlicet, ut arbitretur visibiles formas esse imaginationes invisibilis pulchritudinis. Quia enim in formis rerum visibilium pulchritudo earumdem constitit, congrue ex formis visibilibus invisibilem pulchritudinem demonstrari dicit, quoniam visibilis pulchritudo invisibilis pulchritudinis imago est. (Migne PL 175, Sp. 949 B)

Durch die sichtbaren Dinge wird die Wahrheit des Unsichtbaren gezeigt; weil unser Geist nicht zur Wahrheit der unsichtbaren Dinge selbst aufsteigen kann, außer er ist an der Betrachtung der sichtbaren Dinge geschult, und zwar so, daß er weiß, daß die sichtbaren Formen Abbilder der unsichtbaren Schönheit sind. Denn weil in den Formen der sichtbaren Dinge deren Schönheit enthalten ist, sagt er [der Philosoph Dionysius Areopagita, dessen Schriften Hugo hier kommentiert], daß analog der sichtbaren Dinge die unsichtbare Schönheit gezeigt werden kann, da ja die sichtbare Schönheit Spiegelbild der unsichtbaren Schönheit ist.

Schattendasein zu holen, ergibt sich auch eine Möglichkeit für eine neue Sichtweise der Frau.

Auch Abaelard (1079-1141), die Schlüsselfigur des XII. Jahrhunderts auf den Gebieten der Logik, Methodenlehre, Ethik und Religionsphilosophie (Flasch, S. 221), hat einen ähnlichen Ansatz wie Hildegard. Die meisten seiner Ansichten über Frauen erfahren wir aus den Briefen, die er Heloise, seiner ehemaligen Geliebten geschrieben hat. – Wegen des Verhältnisses mit ihr war Abaelard von Heloisens Onkel kastriert worden. Beide, Abaelard und Heloise, gingen danach ins Kloster, wohin er ihr auch die Briefe schrieb.

Nachdem er Frauen des Alten und Neuen Testaments aufgezählt hat, die in nichts den Männern nachstanden, ja sie in manchem sogar übertrafen, schreibt er im siebten Brief:

> Aber lassen wir das: hätte uns nicht das weibliche Geschlecht den Erlöser selber geboren, wo bliebe unsere Erlösung, wo bliebe das Heil der ganzen Welt?... Nichts ist mit der Herrlichkeit zu vergleichen, von der dies Geschlecht umstrahlt ist, seit der Herr Mensch geworden. Wenn unser Erlöser gewollt hätte, er hätte gewiss auch von einem Mann seine Leiblichkeit annehmen können, genau so, wie er die erste Frau aus des Mannes Leibe gebildet hat. Aber mit dieser besonderen Gnadengabe wollte er gerade das schwache Geschlecht besonders ehren. Er könnte auch aus einem anderen würdigeren Teil des weiblichen Leibes geboren werden, er brauchte nicht aus dem verächtlichen Organ zu kommen, durch das die anderen Menschen zugleich empfangen und zur Welt gebracht werden. Aber um dem schwachen Leib des Weibes die unvergleichliche Ehre zu gönnen, heiligte er durch seine Geburt des Weibes Schoß so hoch, wie die Beschneidung des Mannes es nicht vergönnte. (Abaelard, S. 219f.)

Abaelards Argumentation verläuft ähnlich wie die Hildegards von Bingen: Gott erweist der Frau die größte Ehre dadurch, daß er sich von ihr gebären läßt, sie also gerade in ihrer Leiblichkeit annimmt. Dennoch kann sich eine Veränderung des Frauenbildes nicht durchsetzen. Im Gegenteil – die Bewertung der Frau fällt wieder in die Kategorien der Kirchenväter zurück, zurück zum Konzept „Gebärmaschine Frau".

Hier im XII. Jahrhundert, als man begann, das Stoffliche, die Materie, als gut und als Hinweis auf Gott zu betrachten, wäre die Chance gewesen, auch die Frau neu zu bewerten, da sie die Konkretisierung des „Stofflichen" ist. Das, was gleichwertig (d. h. gleich bewertet) miteinander hätte existieren können, nämlich Geistiges (Klarheit, Einsicht, Verstand) und Materielles (Stoffliches, Irdisches, Schönes) war schnell wieder aus dem Gleichgewicht gebracht bzw. nie wirklich ins Gleichgewicht gekommen. Hundert Jahre später schon sind alle positiven Ansätze abgelöst durch eine Frauenverachtung sondergleichen. Auf die Frage, „ob das Weib bei der ersten Hervorbringung der Dinge hervorgebracht werden mußte", antwortet Thomas von Aquin (1225-1274):

> „Es war notwendig, daß das Weib ins Dasein trat, wie die Schrift sagt, als Gehilfin des Mannes; zwar nicht als Gehilfin zu einem anderen Werke als dem der Zeugung, wie einige behaupten, da ja der Mann zu jedem sonstigen Werke eine bessere Hilfe im anderen Mann findet als im Weibe, sondern (es war notwendig) als Gehilfin beim Werke der Zeugung." (Ketsch, Bd. 2, S. 75)

Die Frau, „etwas Mangelhaftes und eine Zufallserscheinung" (Ketsch, Bd. 2, S. 76), ist für Thomas nur eine Gebärmaschine. Weder körperlich noch seelisch, und natürlich schon gar nicht intellektuell, kann sie mit dem Mann mithalten. Thomas war ein berühmter Gelehrter, und seine Meinung galt viel – und kam vielen gelegen.

Im übrigen hat sich ja auch die das Irdisch-Konkrete bejahende Philosophie der Viktoriner nicht durchsetzen können. Der Verstand dominierte wieder den Körper, der Mann die Frau, der Herr den Knecht, das Licht das Dunkel. Die Welt war wieder in Ordnung, allerdings in einer patriarchalisch-menschlichen, nicht in einer kosmisch-göttlichen Ordnung.

Kluge Jungfrauen

Schloßkapelle von Hocheppan bei Bozen. 1160/70.
Wandmalerei.

IV.

Die Tür schon wieder zugeschlagen?

Was im vorigen Kapitel versucht worden war zu zeigen, nämlich daß im XII. Jahrhundert die Möglichkeit aufgetaucht war, neue Dimensionen menschlicher Erfahrung zu erkunden – und damit auch ein neues Frauenbild zu schaffen –, das kann mit dem Ende des XIII. Jahrhunderts für gescheitert angesehen werden.

Weder konnte sich eine „Erfahrungswissenschaft" wie die des Bernhard von Clairvaux als Mittel zur Wahrheitsfindung durchsetzen noch wurde die Idee von der Ausgewogenheit zwischen Materie und Geist (konkretisiert z. B. an der Beziehung zwischen den Geschlechtern) weitergeführt, geschweige denn löste ein neues Frauenbild das Konzept von der „Gebärmaschine Frau" ab. Die verschiedenen Fassungen der Hildegund-Geschichte, die innerhalb von dreißig Jahren entstanden, lassen anhand der unterschiedlich gesetzten Schwerpunkte die Veränderungen erkennen, die in dieser Zeit in der Gesellschaft stattfanden. Die Vermarktung einer einzelnen – im großen und ganzen eigentlich unbedeutenden – Geschichte macht sichtbar, was auf der großen Ebene der Kultur- und Geisteswelt im Übergang vom XII. zum XIII. Jahrhundert stattfand.

Hildegund war 1188 gestorben. Noch am Ende des XII. Jahrhunderts wurde ihre Lebensgeschichte von Engelhard von Langheim verfaßt und in zwei Handschriften, die noch ans Ende des XII. Jahrhunderts zu datieren sind, in Prüfening und Zwettl aufgeschrieben. Anfang des XIII. Jahrhunderts wurde dieselbe Geschichte in Heiligenkreuz und Ebrach festgehalten. Wahrscheinlich ebenfalls Ende des XII. Jahrhunderts entstand eine Fassung in hexametrischen Versen, die in zwei Handschriften des späten XII./frühen XIII. Jahrhunderts, in einem Windberger Codex (bei Regensburg) und einem Zwettler (bei Passau), zu finden ist.

Eine andere, mehr im Predigtstil gehaltene Fassung, ist in einer Salemer Handschrift enthalten, die Ende XII./Anfang XIII. Jahrhundert geschrieben wurde. Caesarius von Heisterbach schrieb eine eigene Fassung um 1225 in seinem *Dialogus miraculorum* (Gespräch über Wunder), und um etwa die gleiche Zeit entstand im Kloster Schönau eine größer angelegte Lebensbeschreibung im traditionellen Vita-Stil.

Die Fassung des Engelhard von Langheim

Die ursprüngliche Fassung scheint die des Engelhard von Langheim (bei Bamberg) zu sein. Sie ist Bestandteil einer Mirakelsammlung, die Engelhard für die Nonnen von Wächterswinkel schrieb. Sie steht in der Reihe der großen Mirakelsammlungen des XII. Jahrhunderts (wie z. B. das *Exordium magnum* Konrads von Eberbach, *Liber de miraculis Sanctae Dei genetricis Mariae* Bothos von Prüfening, *Liber miraculorum* Herberts von Clairvaux). Im Gegensatz zu den anderen beiden frühesten Fassungen (der metrischen und der Salemer/Paderborner) ist der Verfasser bekannt. Engelhard von Langheim stand mit dem Abt des damals fortschrittlichen Klosters Prüfening in Briefkontakt. Vielleicht verdankt er dieser Verbindung auch seinen moderne Leser außerordentlich ansprechenden Stil: kurze, prägnante Sätze, die oft in rhytmischen Satzklauseln enden, klare Gliederung des Ganzen, spannungsreicher Erzählstil. Engelhards Stil beeinflußt auch den Eindruck, den die Heldin der Geschichte hinterläßt: Hildegunds Persönlichkeit wirkt unkompliziert, keinesfalls problematisch. Ihre Tat scheint von einem spielerischen Ernst motiviert zu sein. Trotz der Notsituationen, in die Hildegund gerät, bleibt der leichte und spielerische Gang der Geschichte erhalten. Engelhard versteht es, mit fast modern anmutendem literarischem Geschick, in Hildegund eine Person vorzustellen, die ohne den leisesten Anklang von Aggressivität provoziert. Sie, die eigentlich schwache Frau (*fragilis sexus*), erweist sich in allen Lagen stärker als das sogenannte starke Geschlecht. Diese Konstellation – das Gute, obwohl schwach, übertrifft das Böse, das vermeintlich stark ist – wird in verschiedenen Variationen durchgespielt. In der Fremde ist es der Diener, der, als Hildegunds Vater gestorben ist, sich als schlechter Charakter erweist. Obwohl ihm Hildegund von ihrem Vater in dessen Todesstunde anvertraut worden ist, brennt er – von Habgier getrieben – mit dem Geld für die Rückfahrt durch. Hildegund versteht es, sich als Joseph durchzuschlagen. Ein mitleidiger Adliger nimmt sie schließlich mit zurück nach Deutschland. Der zweite Triumph des schwachen Geschlechts über das starke ist Hildegunds Botengang nach Verona. Für einen Kleriker, der aufgrund seiner eigenen Feigheit Hildegund bittet, für ihn den Dienst zu übernehmen, begibt sie sich in eine lebensgefährliche Situation. Denn die Alpenpässe sind wegen einer Auseinandersetzung des Kaisers mit dem Papst streng bewacht, und Boten, die nach Italien unterwegs sind, werden als Reichsfeinde verdächtigt. Auf dem Weg wird Hildegund durch einen Dieb, der ihr sein Verbrechen unterschiebt, in einen Prozeß auf Leben und Tod verwickelt und nur durch Gottes Hilfe (die Feuerprobe) gerettet. Als Rache die Verwandten des Diebes antreibt, Hildegund am Galgen aufzuhängen, erscheint himmlische Hilfe: ein Engel Gottes errettet sie. Im Kloster ist Hildegund ganz und gar den Kräften des Bösen ausgesetzt. Sowohl die harte körperliche Arbeit könnte sie dazu verleiten, aufzugeben und ihr wahres Geschlecht preiszugeben als auch die ständige Angst vor dem Entdeckt-

werden. Doch Gottes Kraft ist stärker als der Teufel, und Hildegund bleibt unerkannt bis zu ihrem Tod.
Engelhard zieht am Schluß der Geschichte ein Resümee:

> Tapfer, wenn auch nicht lange im Krieg, kämpfte sie schwere Kämpfe, damit ihrem König der Ruhm wachse, so wie es geschieht, wenn ein schwächerer Krieger über einen starken Feind den Sieg davonträgt.
> Ich wollte diese Geschichte als Wunder für die Frauen, für die Männer als Beispiel erzählen, damit jene sich rühmen und diese sich schämen sollen. Ich wollte zeigen, daß es heute nicht an Frauen fehlt, die für Christus Tapferes wagen, wo doch der größte Teil der Männer sich weiblicher Schwäche überläßt.

Um die Authentizität seiner Geschichte abzusichern, nennt er noch seine Quellen. Er habe die Geschichte von einem Augenzeugen erzählt bekommen, der beim Tod und beim Begräbnis Hildegunds dabeigewesen war.

Mit Engelhards Mirakel haben wir eine Geschichte von nicht geringem literarischen Wert vor uns. Sie ist in dieser Version in fünf Handschriften des XII. und XIII. Jahrhunderts erhalten (siehe Oppel, S. 11-62) und wurde sehr schnell von anderen aufgegriffen und umgearbeitet. Das bezeugen die metrische und die Salemer/Paderborner Fassung, die nachweislich Engelhards Geschichte als Vorlage benutzt haben.

Die metrische Fassung

Ein Anonymus hatte an Engelhards Wundergeschichte Gefallen gefunden und sie in hexametrische Verse (das klassische Versmaß) gesetzt. Eventuell war es eine Schularbeit, denn die metrische *Vita Hildegundis* wurde anscheinend in der darauffolgenden Zeit hier und dort als Schullektüre benutzt. Das hing sicherlich auch mit der mittelalterlichen Schulpraxis zusammen: Der Unterricht basierte auf Auswendiglernen, und in Verse Geschriebenes schien besser im Gedächtnis zu bleiben als Prosa. Versdichtungen waren im ganzen Mittelalter beliebt.

In dem um 1280 erschienenen *Registrum multorum auctorum* (Register vieler Autoren) von Hugo von Trimberg ist die metrische Fassung zusammen mit den Werken erwähnt, die in den Schulen seiner Zeit (also im XIII. Jahrhundert) verwendet wurden. Hugo von Trimberg empfiehlt das in Verse gesetzte Mirakel als Erbauungsliteratur, als Wundergeschichte, in der etwas Wahres, Seltenes und Nützliches erzählt wird.

Nunc de quadam virgine miraculum praeclarum
Addiciatur, cum et id verum sit et rarum,
Quodque sic hic positum non moveat malignum.
Est enim miraculum tale scitu dignum,
In quo legens aliquis plus edificatur,
Quam in his que veritas mera detestatur:
Grande novumque stilo mandabimus, utilitatis
Intuitu quod celebret laus posteritatis ...
(Hugo von Trimberg, S. 187, Vers 902-909)

Jetzt soll ein sehr berühmtes Mirakel über eine Jungfrau
hinzugefügt werden, weil es sowohl wahr als auch selten ist

und das, wenn es hier aufgeführt wird, keinen Böswilligen
bewegen soll.
Es ist nämlich ein solches Wunder würdig, gekannt zu werden;
wenn einer darin liest, wird er mehr erbaut,
als wenn er Dinge liest, die die reine Wahrheit verachten.
Großes und Neues wollen wir dem Schreibstift anvertrauen,
und wir verbinden ein bestimmtes Interesse damit,
nämlich daß die Nachwelt es feiern soll ...

Inhaltlich folgt der Versdichter exakt dem Mirakel Engelhards. Allerdings bemüht er sich immer, andere Worte als die seiner Vorlage zu benutzen.
Der Dichter stellt ganz das Wunder, nämlich daß eine schwache Frau unglaubliche Tapferkeit bewiesen habe, in den Mittelpunkt seiner Dichtung. Er schreibt:

Hic vir erat pro veste viri, sub veste puella.
Ingressus tenerasque manus ad fortia mittens,
Succumbit, nutans refugit caro pondus et estus.
Nunc victus, victor modo spiritus, arma resumens
pugnat, et in fragili vicit patientia sexu.

(Anhang, S. 180, Vers 9-13)

Dieser Mann war der Kleidung nach ein Mann, aber unter
den Kleidern war er ein Mädchen.
Es schickte die zarten Hände zu Tapferem an
und sinkt nieder, schwankend flieht das Fleisch harte Arbeit
und seelische Überlastung.
Jetzt zwar besiegt, doch Sieger bald im Geist, nimmt es
die Waffen auf und
kämpft, und im schwachen Geschlecht siegt die Geduld.

Wie Engelhard würdigt der Dichter das Unternehmen Hildegunds. Er betont die Kraft dieser Frau, die sowohl die für sie zu harte Arbeit als auch die seelische Bedrängnis, die Angst vor dem Entdecktwerden, ausgehalten habe und aus diesem Kampf als Siegerin hervorging. Anders als Engelhard kontrastiert der Dichter Hildegunds Stärke nicht mit der Schwäche der Männer, doch er lobt ungeschmälert ihre *virtus*, ihren männlichen Mut.

Die Salemer/Paderborner Fassung

Die Salemer/Paderborner Fassung benutzt ihrerseits die metrische Fassung als Vorlage; sie übernimmt aus ihr sogar ganze Hexameter. Sie wurde um die Jahrhundertwende vom XII. zum XIII. Jahrhundert im Zisterzienserkloster Salem aufgeschrieben, wahrscheinlich für liturgische Zwecke.
Durch ihren Rahmen zeichnet sich die Salemer Version als Predigt aus. Sie beginnt sozusagen mit „Pauken und Trompeten“:

> Als der außerordentliche Prophet, vielmehr sollte man Evangelist sagen, Isaias, die Abkehr des jüdischen Volkes durch den Antrieb des Heiligen Geistes öffentlich verkünden wollte, begann er so: „Höre Himmel und mit den Ohren nimm auf, Erde, weil der Mund des Herrn gesprochen hat!“ (Is 1,2) Wunderbares ist er im Begriff zu sagen, Himmel und Erde ruft er zuzuhören. So will auch ich eine – seit der Geburt aus der Jungfrau – noch nie gehörte Sache allen Völkern erzählen, es ist wunderbarer als alle Wunder, es ist der glorreiche Triumph einer Jungfrau. Ich glaube, daß es für keinen Stoff als eben diesen angemessener ist, diesen prophetischen Anfang zu gebrauchen. „Höre Himmel und nimm auf mit den Ohren, Erde“, weil der Herr etwas Neues auf Erden getan hat, zu unserer Zeit, noch nie gehört von der Welt, den Männern zur Nachahmung, den Frauen zum Ruhm.

Dann folgt die Geschichte, die mit einer Bitte an Gott und einer Gebetsformel endet:

> Am 20. April starb die Magd Gottes in Schönau. Nachdem einige Tage nach dem Tod jener Heiligen vergangen waren, wünschten die Brüder, ihren Namen zu erfahren, und sie schickten jemand nach Köln, wo sie gesagt hatte, daß sie dort geboren sei. Sie forschten eifrig und fanden eine sehr alte Frau, die eine Verwandte der Seligen war, und sie erfuhren, daß sie Hildegund genannt werde. Durch deren Verdienste und Bitten möge Gott, der diesem zerbrechlichen weiblichen Geschlecht einen so tapferen und männlichen Geist geschenkt hat, uns den Geist der Tapferkeit geben, durch den wir den sehr starken Löwen, den Teufel, der herumgeht und sucht, wen er verschlingen kann, besiegen können. Das möge der gewährleisten, der lebt und herrscht ohne Ende. Amen.

Die Arbeitsweise des Autors der Salemer Fassung ist leicht nachvollziehbar: Er arbeitet die metrische Fassung um. Bis zur Begegnung Hildegunds mit dem Dieb bemüht er sich, seine Vorlage weder in der Wortwahl noch im Satzbau nachzuahmen. Dann läßt sein Arbeitseifer nach. Immer häufiger übernimmt er einzelne Satzteile, die er zum Teil in anderen syntaktischen Zusammenhängen benutzt, er setzt sogar einzelne Versteile unverändert in den Text ein. Zur Demonstration seines Verfahrens soll die Stelle von der Verteidigungsrede Hildegunds und des Diebs dienen. Die metrische Fassung lautet:

> Ast ego: „Depositum servare tuum mihi tutum
> Credideram; nichil intro mali latitare verebar,
> Te socium ratus innocuum; tua te fugiente
> Commendata mihi reddo tibi. Numina celi
> Testor, eum, qui nec falli nec fallere novit.“

Fur contra: "Vox unius vox nullius; idem
Et reus et testis nequit esse: reperta penes te
Res ablata reum culpam vetat inficiari."
Obticui, nec enim potui convincere fraudem.
(Anhang, S. 182, Vers 82-90)

Ich sagte: „Ich hatte geglaubt, daß die Habe, die du mir anvertraut hattest, in Ordnung ist.
Ich befürchtete nicht, daß etwas Schlechtes darin verborgen sei.
Ich glaubte, daß du ein unbescholtener Begleiter wärst. Als du flohst,
übergabst du mir deine Habseligkeiten, ich gebe sie dir zurück.
Gott im Himmel rufe ich zum Zeugen an, ihn, der weder Getäuschtwerden noch Täuschen kennt."
Der Dieb erwiderte: „Die Stimme von einem ist die Stimme von keinem. Einundderselbe
kann nicht Angeklagter und Zeuge sein. Bei dir sind die gestohlenen Sachen
gefunden worden, der Tatbestand verbietet, daß der Angeklagte seine Schuld leugnet."
Ich verstummte, denn ich konnte ihn nicht des Betrugs überführen.

Umgearbeitet lautet diese Stelle in der Salemer Version:

At ego inquam: Socium te itineris innocuum credebam, in deposito quod mihi credidisti, nil mali latere suspicabar, depositum tuum tibi reddo, et vera me asserere, eum qui nec falli nec fallere potest, deum testor. At fur contra. Vox unius vox nullius, idem actor et testis esse non potest, res furtiva penes te reperta, crimen te prohibet inficiari. Obticui nec enim potui convincere fraudem. (Anhang, S. 187f.)

„Ich aber", sagte ich, „glaubte, daß du ein unschuldiger Weggefährte wärst. In dem, was du mir anvertraut hast, vermutete ich nichts Böses. Deine Sachen gebe ich dir zurück. Dafür ist Gott mein Zeuge, er, der weder Getäuschtwerden noch Täuschen kann." Aber der Dieb sagte dagegen: „Die Stimme von einem ist die Stimme von keinem. Du kannst nicht Täter und Zeuge in einem sein. Das Diebesgut wurde bei dir gefunden, das beweist, daß du der bist, der das Verbrechen leugnet." Ich verstummte, denn ich konnte ihn nicht des Betrugs überführen.

An diesem Textbeispiel werden zwei Dinge deutlich: Zum einen zeigt es, daß die Umarbeitung mittelalterlicher Texte sehr oft nur Wortschatz- und Stilübungen waren. Zum anderen kann man sich dadurch eine Vorstellung vom klösterlichen Literaturbetrieb der Zeit machen; was aktuell war, fand Anklang und wurde auf den Markt gebracht.
Auch der Autor der Salemer Handschrift stellt in Hildegund eine Frau vor, die Bewunderungswürdiges geleistet hat. Seiner Meinung nach verdient es dieses Wunder, mit den Worten des größten Propheten, Isaias, eingeführt zu werden. Es folge in seiner Größe der jungfräulichen Geburt Marias. Der Autor nennt Hildegunds Tat *gloriossimum virginis triumphum*, den glorreichen Triumph einer Jungfrau, den Männern zur Nachahmung empfohlen, den Frauen zum Ruhm (*virili sexui imitabile, femineo gloriosum*). Damit wertet er Hildegund ebenso positiv wie Engelhard von Langheim, ebenso wie er setzt er Hildegund als Vertreterin für die Frauen positiv gegen das männliche Geschlecht ab.

Engelhards Fassung, die metrische Fassung und die Salemer Version entstanden ungefähr zur gleichen Zeit. Daß ein Thema gleich dreimal in jeweils veränderter Form präsentiert wurde, daß sozusagen drei Variationen über ein Thema geschrieben wurden, zeigt, wie lebendig der Literaturbetrieb Ende des XII. Jahrhunderts war. Zwanzig Jahre später kommen noch die Fassung des Caesarius und die Schönauer Klostervita dazu.

Die verschiedenen Fassungen beweisen, daß ein reger Austausch zwischen den Klöstern bzw. Schreibschulen bestanden hat. Zuerst mußte die Nachricht von Hildegunds Tod von Schönau bei Heidelberg zu den verschiedenen Klöstern gelangen. Dann schrieb Engelhard, der in einem Kloster in der Nähe von Bamberg lebte, die (dem bisherigen Forschungsstand nach) erste Fassung. Diese wurde dann wahrscheinlich in einem weiter südlich gelegenen Kloster[1] in Verse gesetzt, und aus dieser Fassung entstand dann in Salem am Bodensee noch eine andere Version, die auch für Predigten verwendet wurde. Dies alles geschah binnen kürzester Zeit. Alle Fassungen sind von literarisch nicht geringem Niveau: ein faszinierendes Beispiel vom literarischen Interesse, vom Können und von der kreativen Schaffenskraft des XII. Jahrhunderts.

---

[1] Das Kloster lag zwischen Regensburg und Passau. Die metrische Fassung ist in zwei Handschriften überliefert, wobei die eine aus Windberg bei Regensburg stammt, die andere aus Zwettl bei Passau.

Die Fassung des Caesarius von Heisterbach

Caesarius' Fassung gehört, obwohl nur etwa zwanzig Jahre später entstanden, schon einer anderen Welt an. Er schreibt für ein anderes Publikum, für einen veränderten Markt, in einer literarisch, gesellschaftlich und politisch veränderten Atmosphäre. Im *Dialogus miraculorum* (Gespräch über Wunder) erzählt ein Lehrer einem Novizen Wundergeschichten. Durch Zwischenfragen des Schülers bekommt er Gelegenheit, theologische Erläuterungen zu geben. Der *Dialogus* gliedert sich nach verschiedenen Abteilungen. Hildegunds Geschichte taucht unter der Rubrik *De Conversione* (Über den Klostereintritt) als 40. Kapitel auf. Das gesamte Werk ist lehrhaft aufgebaut und gegliedert. Es ist wirklich ein Gespräch *über* Wunder, die Wunder sprechen nicht mehr für sich (wie noch z. B. bei Engelhard), sondern haben eine bestimmte Funktion. Caesarius will mit Hildegund eine Frau vorführen, bei der der Spruch Salomons „Wer wird eine tapfere Frau finden" (Prov. 31,10) erfüllt ist. Entsprechend endet die Geschichte mit der Feststellung des Novizen:

> „De hac puella videtur intelligendum illud Salomonis: ‚Mulierem fortem quis inveniet?' Monachus: „Tanta est fortitudo mentis in quibusdam feminis, ut merito laudetur." (Caesarius von Heisterbach, Bd. 1, S. 53)

> „Bei diesem Mädchen, scheint mir, ist der Spruch Salomons ‚Wer wird eine tapfere Frau finden' einzusehen". Mönch: „So groß ist die Tapferkeit des Geistes bei manchen Frauen, daß man sie zu Recht lobt."

Waren es bei Engelhard von Langheim Hildegunds wunderbare Abenteuer, die die Spannung aufrechterhielten, so sind es bei Caesarius die Anekdoten über Hildegund, die er dem ursprünglichen Geschehen hinzufügt. Caesarius hat Hildegund viel von ihrer provokativen Vorwitzigkeit genommen. Er segnet das Unternehmen Hildegunds theologisch ab, indem er in ihrem Verhalten lediglich die Erfüllung eines Bibelspruches sieht, und nimmt damit Hildegund ihre Eigenständigkeit als Handelnde nimmt.
Die Unterschiede der beiden Fassungen werden auch an Form und Aufbau deutlich: Während sich Engelhard in der Rahmengeschichte nicht entscheiden kann, ob er von einem Mann oder von einer Frau spricht – weswegen er abwechselnd aus der Perspektive von Joseph und dann wieder aus der Perspektive Hildegunds schreibt – und damit sein Verstricktsein in das Verwirrspiel, seine Distanzlosigkeit, zugibt und schließlich das Wort ganz an Hildegund abgibt, die in der Ich-Form ihr Leben erzählt, was die Geschichte lebendig und spannend macht, ist es bei Caesarius von Heisterbach anders. Da er die Geschichte selbst erzählt, aus der Perspektive eines Autors, der alles über Hildegund weiß, ist in seiner Version mehr Distanz gegeben. Seine Geschichte beginnt:

> In der Stadt Neuß, die fünf Meilen von der großen Stadt Köln entfernt ist, lebte einst ein Bürger, der eine schöne und (von ihm) geliebte Tochter hatte, Hildegund mit Namen. Als seine Frau gestorben war, führte er sie, obwohl sie damals noch sehr jung war, eines Gelübdes wegen mit sich nach Jerusalem. Auf dem Rückweg aber wurde der Vater sehr krank und beschloß in der Nähe von Tyrus seinen letzten Tag. Im Sterben übergab er seine Tochter und alles, was er hatte, der Obhut seines Dieners. Aber der Diener hielt dem Herrn nicht die Treue, und er zeigte dem Verstorbenen gegenüber kein Mitleid. Weil er gottlos und habgierig war, ließ er das Mädchen nachts im Haus

> zurück, segelte heimlich weg und setzte jene vielfachem Elend aus. (Caesarius von Heisterbach, Bd. 1, S. 47f.)

Die Geschichte nimmt ihren Lauf, wie wir es von Engelhard kennen. Sie wird aber um entscheidende Szenen erweitert: Als der Engel Hildegund vom Tod ihrer Schwester berichtet, ist dies eine Anspielung auf den Abt Benedikt, der die Seele seiner Schwester als Taube zum Himmel fliegen sah. Das Wunder der Translokation von Augsburg nach Verona wird mit dem Propheten Habacuc verglichen, der in einem Augenblick von Judäa nach Babylon versetzt wurde. Damit ist das ungewöhnliche Geschehen im Leben Hildegunds typologisch vorgebildet, in Einklang mit der Bibel gebracht und somit „erlaubt".

Eine andere Erweiterung der Geschichte ist typisch für die Erzählmotivation des Caesarius: Als Hildegund alias Joseph von Verona, wo sie die päpstlichen Briefe abgegeben hatte, zurückkommt, trifft sie auf den Schönauer Abt Theobald (Caesarius kennt im Gegensatz zu den drei vorherigen Fassungen seinen Namen!), der auf einem Pferd Richtung Schönau unterwegs ist:

> Der Abt glaubte, daß sie ein junger Mann sei, und befahl ihr, daß sie sich hinter ihn auf sein Pferd setzen solle. Als sie mit weiblicher und zarter Stimme redete, sagte der Abt: „Bruder Joseph, hast du noch keinen Stimmbruch gehabt?" Jene antwortete: „Herr, ich werde niemals einen haben."
>
> Sie gab vor, ein junger Mann zu sein, hatte sich den Namen Joseph zugelegt, von dem sie wußte, daß er heftige Versuchungen besiegt hatte. So wollte auch sie gegen einen doppelten Feind kämpfen, gegen das Fleisch natürlich und den Teufel, und sie prägte sich ihn (den Namen Joseph) ganz fest ins Gedächtnis ein und war sich dadurch der Hilfe nur noch mehr bewußt.
>
> Und in ihr erschien jener Spruch Salomons erfüllt: ‚Wer wird eine tapfere Frau finden?'

> Nichts Vergleichbares wurde in unserem Orden gefunden, und es ist deshalb ohne Beispiel.
> Sobald sie die Probezeit bestanden hatte, schickte sie ihre Hand zu tapferen Taten. Sie schlief unter Männern, mit Männern aß und trank sie und entblößte ihren Rücken zu Züchtigungen. Und obwohl sie eine junge Frau war, die oft erschöpft war, dennoch wurde ihr (wahres) Geschlecht nicht bemerkt, auch als sie während der Probezeit ihren Gefährten Zeichen von Leichtfertigkeit zeigte. Denn, als der Lehrer einmal nicht da war, führte sie einen jungen Mönch, er heißt Hermann und hat es uns erzählt – damals war er vierzehn Jahre alt –, zu einem Kelch und sagte:
> „Laß uns in dieses Glas schauen und sehen, wer von uns schöner ist." Und als sie die darin zurückgespiegelten Gesichter aufmerksam ansah, sagte sie wieder: „Hermann, wie gefällt dir mein Gesicht?" Er antwortete: „Mir scheint, dein Kinn ist geformt wie das einer Frau." Da wich sie wie entrüstet zurück. Später bekamen sie beide für das Nichtbeachten der Schweigezeit Prügel. (Caesarius von Heisterbach, Bd. 1, S. 50f.)

Die Erzählung wird durch den Novizen, der fragt, ob Hildegund keine weiteren Versuchungen im Kloster hatte, unterbrochen. Und der Lehrer antwortete darauf:

> Über ihre Versuchungen habe ich nichts gehört. Aber daß sie für andere Grund zur Versuchung war, das weiß ich zur Genüge. Als die Zeit ihres Todes nahte, wurde sie krank. Und als sie wegen allzugroßer Schwäche zu ihrem Bett getragen wurde, sagte ein Mönch, der sie ansah, zu denen, die neben ihm standen, laut: „Dieser Mensch ist entweder eine Frau oder der Teufel, weil ich ihn niemals ohne Versuchung ansehen konnte." Und genügend wird an dieser Stelle bewiesen, daß die Kraft der Natur stark ist. Sie rief den Prior, und als sie ihm ihre leichten Sünden beichtete, fragte jener, ob er jemals eine Frau erkannt hätte, und da antwortete sie: „Niemals, Herr, war ich einer Frau zu Willen und niemals einem Mann." Das fügte sie wegen ihres Geschlechts dazu. (Caesarius von Heisterbach, Bd. 1, S. 51)

Die Erweiterung der Geschichte speziell um diese beiden Szenen zeigt das veränderte Bedürfnis des Erzählers und seines Publikums: Caesarius will erbauen und belehren, aber er will auch unterhalten. Und im Falle der Jungfrau im Männerkloster scheint das Interessanteste die erotische Spannung zwischen Hildegund und den Mönchen zu sein.
Hildegund verliert in der Darstellung des Caesarius aber an eigenständiger Kraft, ihre Individualität wird gewissermaßen einem Typus geopfert. Doch durch die eingefügten Anekdoten wird ein psychologisches Interesse des Caesarius an Hildegund deutlich. Er bemüht sich, die Tatsache, daß Hildegund als Frau unter Mönchen lebte, greifbarer zu machen, indem er Situationen beschreibt, in denen der Geschlechterunterschied zum Problem werden könnte.

Die Klostervita

Am deutlichsten unterscheidet sich sie Schönauer *Vita Hildegundis* (Papebroch, S. 780-790) von allen anderen Fassungen. Sie ist eine „richtige" Vita, d. h. die Lebensbeschreibung einer Heiligen im traditionellen Sinn. Viten gliedern sich normalerweise in einen Prolog, den Bericht über Herkunft, Geburt und Jugend, über das Leben als Erwachsener, über den Tod und über Wunder nach dem Tod. Die Schönauer Klostervita ist dadurch die ausführlichste Lebensbeschreibung, sie wurde Anfang des XIII. Jahrhunderts verfaßt. Als Autor nennt sich ein ehemaliger Mitschüler Hildegunds, der angeblich auch ihr Lehrer und Vertrauter war. Schon am Prolog erkennt man die andere „Dimension" des Textes:

Prolog

Fromme Ergebenheit den heiligen Klosterbrüdern gegenüber und ihre häufigen Aufforderungen haben mich dazu aufgerufen, die Vita Josephs zu schreiben. Nicht die (Vita) von jenem, der der Sohn Jakobs und Rahels war, einer der zwölf Patriarchen, der von seinen Brüdern nach Ägypten verkauft wurde. Sondern die Vita von jener, die durch Namen und Männerkleidung ihre Weiblichkeit verheimlichte, indem sie vorgab, ein Mann zu sein, was sie aber nicht war.

Eine schwere Last für mein Schicksal und eine sehr gewaltige Last auf meinen Schultern legten die frommen Männer mir auf. Sie verlangten eine so wertvolle Perle, mit Gold und Silber geschmackvoll verziert, oder ein Halsband von so hellem Glanz, daß es von der himmlischen Hand des Schöpfers hergestellt sein könnte, und das soll nicht im Verborgenen gehalten werden, sondern vielmehr an der Brust oder an der Stirn der heiligen Kirche angelegt werden, damit es vielen, die es dann recht sorgfältig betrachten, nützen kann, und zwar nicht nur mittelmäßig.

Das, was mich aber noch leichter zur Beschäftigung mit diesem Stoff treiben sollte, fügten sie als Lehre bei. Sie sagten nämlich:

Eine vom Herrn angezündete Leuchte soll man nicht unter den Scheffel stellen, sondern auf den Leuchter, damit sie alle, die ins Haus kommen, durch den Schein ihrer Helligkeit erleuchte.

Trotz dieses Antriebs – einerseits durch diese Überlegungen, andererseits durch den Zuspruch der anderen – sahen sie, daß ich mich heftig weigerte und mich bis dahin widersetzte, vergeblich freilich.

Doch dann haben sie mich mit einem Argument konfrontiert, mit dem sie mich besiegt haben, und zwar sagten sie, daß niemand würdiger und vollständiger das Leben der heiligen Jungfrau aufschreiben könnte als der, der es nicht irgendwoher, sondern aus dem Mund der Heiligen selbst erfahren hat, da er

sich im Haus der Novizen mit ihr aufhielt, lebte und Umgang mit ihr hatte. Denn er war selbst ein Novize und gerade erst zum Mönch bekehrt, an dem Ort, der Schönau genannt wird, wo ein sehr berühmtes und gottesfürchtiges Kloster des Zisterzienserordens ist, hervorragend ausgestattet mit Reichtümern an Tugendhaftigkeit und an Erfreulichkeiten geistlichen Eifers. Was mehr? Ein kleines Werk habe ich gemacht, nicht was ich, sondern was die gewollt haben, die mich, der ich doch weniger weise bin als sie, wie schon gesagt, durch Zitate aus der Bibel zur Verfassung dieses kleinen Werks gedrängt haben.
Ich bin freilich wie ein unbekannter Maler mit einfacher Farbe. Ich male, was ich weiß und was ich gelernt habe. Solange bis ein Geeigneterer kommt, der mit verschiedenartigen Farben malt, baut und schafft und aus Wertlosem Kostbares macht.
Also beschwöre ich die Leser, daß sie meinen Worten Glauben schenken und daß sie nicht meinen, ich hätte etwas, was ich gar nicht erfahren habe oder was ich von ihr nicht vernommen habe, aus Liebe oder Zuneigung der Heiligen Jungfrau gegenüber dazugetan. Lieber hätte ich überhaupt ganz schweigen wollen – Gott ist Zeuge –, als daß ich Falsches prahlerisch für Wahres ausgegeben hätte.

Diese Einführung steht mit dem Verweis auf andere, die ihn bitten zu schreiben, mit Bibelzitaten und mit dem Bescheidenheitstopos ganz in der Tradition der Prologe. Daraus folgt, daß man nicht alles, was im Prolog steht, für bare Münze nehmen kann, da die Formulierungen zu stereotyp sind.
Im darauffolgenden Kapitel – über Hildegunds Herkunft und Erziehung – hat der Autor andere bzw. neue Quellen: Er erzählt, daß ihre Eltern aus Köln stammten und zunächst kinderlos waren. Sie baten Gott, daß er ihnen Nachkommen schenke. Nachdem sie lange gewartet, Almosen gegeben und Pilgerfahrten gemacht hatten, wurde ihr Wunsch erfüllt und die Mutter gebar Zwillinge. Hildegund und Agnes wurden sie genannt. Beide kamen ins Kloster. Um ein Gelübde zu erfül-

len, wollte der Vater nach Jerusalem pilgern. Doch da starb seine Frau. Nachdem sie begraben worden war, nahm er Hildegund aus dem Kloster „und schnitt ihr wie einem Mann die Haare, gab ihr Männerkleider und nannte sie Joseph, um so sicherer zu gehen, daß sie nicht für eine Frau, sondern für einen Mann gehalten würde“ (Kapitel 5).
Dann folgt die Geschichte, wie wir sie bereits aus der Fassung Engelhards von Langheim kennen. Allerdings wird sie ausführlicher erzählt, mit vielen Ausschmückungen versehen, die Gottes Güte und Herrlichkeit preisen.
Die Errettung vom Galgen, die der Auferstehung Christi gleichkommt, wird folgendermaßen eingeführt:

> Übrig bleibt nun zu sehen, was der Jungfrau zugestoßen ist, die heilig an Gesinnung und rein am Körper war, die als Mann verkleidet so großes Übel erlitten hat, als sie am Ast des Baumes hing. Verließ etwa der Herr sie, als sie hing? Oder befreite er sie durch Erlösung? Es soll nicht geschehen, daß der gnädige Herr sie irgendwann einmal verläßt, die, die er aus so vielen Gefahren vorher gerissen und befreit hat. Und daß sie nicht untergehe, darauf achtete er erbarmungsvoll in allen ihren Bedrängnissen und Nöten. Er war von seiner kleinen Magd nicht entfernt, der so ihr Glanz genommen, die so der Würde beraubt war. Er reichte ihr den Arm seiner Macht, und er befreite sie mit all seiner Gewalt aus jeglicher Schande. Und so war ein Engel des Herrn sogleich zur Stelle, als die Quäler gegangen waren, der sie stützte und nicht untergehen ließ. Folglich wußte auch die gute Jungfrau, wer es war, der sie hielt und mit unermeßlicher Süße sie gleichsam erquickte und belebte.
> Der Himmelsbote sprach zu ihr: „Ich bin ein Engel des Herrn, dir zum Schutz bestimmt. Fürchte dich nicht, da ich dich befreien werde. Und was du tun wirst, wenn du befreit sein wirst, werde ich dir verkünden, da ja der Herr dich lenkt und schützt, auch bei der Aufgabe, die du zu bewältigen hast, durch die du so beunruhigt bist. Von Rom zurückgekehrt, wirst du nach

> Speyer kommen, und dann, geführt von einem guten Bruder, wirst du nach Schönau gehen zum Haus des Zisterzienserordens. Dort wirst du unter den Söhnen Gottes, nachdem du eingekleidet sein und die Mönchstonsur empfangen haben wirst, sterben, noch bevor du dein Novizenjahr beendet haben wirst. Dann wirst du in den Himmel aufgenommen, mit allen Heiligen dem Herrn ewiglich bräutlich vermählt, zum Lohn heiliger Mühe." Als dies der Bote im Wissen um die himmlischen Geheimnisse durch Verkündigung gesagt hatte, hörte die selige Jungfrau im Himmel Stimmen süßer als Honig, eine Melodie, nicht nach Menschenart, sondern harmonischer Engelsgesang. (Kapitel 16)

Nach dem Einblenden eines weiteren Wunders, bei dem plötzlich Wölfe auftauchten, die sich auf die Schafherde stürzten und dadurch die Hirten daran hinderten, Joseph zu begraben – „sie verschwanden wie durch Zufall" –, erhob sich Joseph „frei von allen Fesseln und blickte mit Verwunderung auf den Engel, der auf einem hellstrahlenden Pferd saß". Der Engel prophezeite ihm zum wiederholten Mal seine Zukunft und brachte ihn dann nach Verona, wo er seinen Stiftsherrn wiedertraf. Nachdem beide ihren Auftrag in Rom erledigt hatten, kehrten sie nach Deutschland zurück, wo sich ihre Wege trennten; der Stiftsherr ging nach Köln zurück, und Joseph wurde in Speyer Schüler einer Inkluse. Als sich das herumgesprochen hatte, kam bald danach ein Novize des Klosters Schönau, um ihn mit ins Kloster zu nehmen. An dieser Stelle unterbricht der Autor die Erzählung, um über das Wunder, das er beschreibt, zu reflektieren:

> Es ist gut, das Geheimnis Gottes, des Königs, verschlossen zu bewahren, aber es ist großartig, seine Wunder öffentlich zu preisen. Von ihm wird gesagt: Wunderbar wirkt Gott in seinen Heiligen … Er wirkt nicht nur durch Männer, die allein schon durch ihr Geschlecht stärker sind, sondern auch durch Frauen

und zarte Jungfrauen (und das ist noch wunderbarer), die durch ihr Geschlecht ja gebrechlicher und schwächer sind. Denn wenn ein Mann Wunderbares wirkt, hat er ja auch männlichen Mut. Viel wunderbarer ist es, daß eine Frau dadurch, daß sie das Werk der Tugenden wirkt, den Männern vorangeht und sie übertrifft, dadurch, daß sie etwas um nichts weniger Bewundernswertes tut. Was ist wunderbarer, als daß Gott will, daß eine Frau, die sich unter den Kleidern eines Mannes verbirgt, so unerkannt bleibt, daß niemand wissen kann, daß es eine Frau ist? Und so trat Joseph in Schönau ein und trug wie ein Scholar die Kleidung eines Mannes, verhielt sich demütig und fromm und bat kniefällig, bei den Mönchen aufgenommen zu werden. Was machten der Prior und die übrigen Brüder? Deren Augen waren so gebunden, daß sie ihn nicht erkannten. Sie stimmten den Wünschen des Bittenden zu, ohne zu wissen, daß sie anstelle eines Mannes eine Frau aufnahmen ...

Hier wird einer ein nicht unvernünftiges Argument anbringen können und sagen, daß geschrieben steht: Ängstlich sein ist die Art der Jungfrauen.

Woher besaß diese Jungfrau den Mut, so große Zuversicht und eine solche Hartnäckigkeit, daß sie ohne Scheu, ohne Ehrfurcht und schließlich ohne Scham sich zu den Männern gesellen konnte, obendrein sich auch noch von selbst anbieten konnte, und so tat, daß sie als Mönch angesehen werde? Darauf habe ich keine Antwort außer einzig diese, daß sie vom Engel geführt wurde und vom Herrn gestärkt wurde, also kurzgesagt, es war wohl der Wille des Herrn, daß es so geschah. Er gab es ihrer Seele ein, daß sie so und nicht anders handle. Er beschützte diese auf wunderbare Art bis an ihr Ende und bewirkte, daß sie nicht erkannt und auch nicht verraten wurde. So ging sie also bei uns ein und aus, gemeinsam waren wir im Haus der Novizen ... Und um die Wahrheit zu sagen, innen und außen benahm sich Joseph so, daß er sich als untadelig erwies, allen gegenüber war er liebenswürdig. Er gewährte seiner körperlichen Schwäche keine Schonung und unterzog sich den härtesten Arbeiten. Steine und schwere Lasten schleppte er

> vom Wald heran mit den Mönchen, er mochte die Nachtwachen gerne, er fastete gewissenhaft, und mit großem Eifer widmete er sich dem Lesen und dem Gebet, so daß er zu Recht nicht für eine Frau, sondern für einen tatkräftigen und starken Mann gehalten werden konnte.

Anschließend erzählt der Autor von einem Besuch des damals bekannten und wunderwirkenden Bruders Eberhard von Commeda. Diese Episode taucht wortgetreu in der Vita des Eberhard von Commeda auf (F. Schneider, S. 37-72). Wahrscheinlich wurde sie aus der Schönauer Vita abgeschrieben. Während sich Eberhard im Kloster Schönau aufhält, prophezeit ein Mönch, der in Extase gefallen ist, die Gründung des Klosters Bebenhausen, welche 1190 geschah. Damit ist diese Tochtergründung durch göttlichen Willen genehmigt. Im nächsten Kapitel berichtet der Autor die Fragen, die Hildegund ihm, in seiner Eigenschaft als Lehrer, stellte:

> Einmal als ich aus den Heiligen Schriften etwas bekannt machte, was auf den Menschen, der versucht wird, zu passen schien, fragte sie mich:
> „Lieber Lehrer, wenn eine Frau, die durch Zufall in Männerkleidung geraten ist und hier in dieser Gemeinschaft entdeckt würde, daß sie eine Frau ist, was würden die Mönche mit ihr machen? Würden sie sie hinauswerfen? Oder würden sie sie in ein anderes Kloster stecken, damit sie nicht zugrunde ginge?"
> Ich sagte:
> „Das ist es, was du wissen willst? Niemals habe ich solches gehört. Welche Frau wäre so mutig, so leichtfertig, so wahnsinnig, daß sie es wagte, dies zu unternehmen?"
> Noch eine andere Frage:
> „Was geschieht mit den Mönchen, wenn sie sterben, werden sie entblößt und die Körper später gewaschen? Dies scheint mir ungeziemend zu sein und irgendwie eine Schande, und es ziemt sich nicht einmal für Weltliche."

Darauf sagte ich:
„Es wird weit weg von allen sein, und er wird dort entblößt, wo es nicht gesehen wird."
„Ich wollte lieber", sagte jene, „daß mir dies nach meinem Tod nicht geschieht."
Und obwohl sie mir solche Fragen öfters stellte, nie habe ich bemerken können, was sie durch solche Gespräche beabsichtigte."

Als Hildegunds Sterbestunde, die ihr vom Engel prophezeit worden war, kam, wurde sie schwer krank, beichtete und starb am Mittwoch des Osterfestes. Beim Waschen der Leiche wurde entdeckt, daß Joseph eine Frau war. Der Abt berichtete der Klostergemeinde, was geschehen war:

„Ihr seht, Brüder", sagte er, „den Körper, der hier vor euch liegt. Er ist nicht, wie wir glauben, der Körper eines Mannes, sondern der einer Frau. Der allmächtige Gott wollte bei uns einen Menschen haben, der uns bis zu dieser Stunde gänzlich unerkannt geblieben war. Die heiligen Engel haben seine Seele angenommen, und sie haben ihn zweifelsohne in dieser Stunde zur Freude des ewigen Lebens geführt. Laßt uns dem Dank sagen, der uns diesen unvergeßlichen Schatz gelassen hat, und der im Himmel eine solche Schutzherrin haben wollte." Nach diesen Worten weinten alle, und wegen der allzu großen Verwunderung konnten sie auf die Bitten des Abtes nicht mit Amen antworten. Nachdem schließlich doch gesagt war, was sie zu sagen hatten, stimmte der Cantor das Responsorium „Befreie mich, o Herr" an. Der Körper wurde emporgehoben, im Chor aufgebahrt ... Dann, als die Messe gefeiert war und alle rituellen Handlungen getan waren, wurde der Körper der seligen Jungfrau mit großer Ehrerweisung der Erde übergeben, zum Lob und zum Ruhm dessen, der allein gelobt und gerühmt werden darf, durch die unbegrenzte Ewigkeit hindurch. Amen."

Die Vita endet mit einem Bericht über ein Wunder, das Hildegund am Verfasser dieser Geschichte nach ihrem Tod bewirkte. Als dieser nämlich erkrankte, erschien ihm eines Nachts die „heilige Jungfrau in genau dem Bild, wie ich sie früher gesehen hatte“, und segnete ihn. Sie sagte:

> „Du sollst wissen, daß es dir wieder gut gehen wird und du von dieser Schwäche wieder gesunden wirst. Denn deswegen bin ich zu dir geschickt worden, um dir das zu melden.“
> Als sie das gesagt hatte, verschwand sie allmählich wie ein weißes Wölkchen …
> Nach dieser Vision, Gott ist Zeuge, bin ich so gesund geworden, wie ich es bis heute geblieben bin, so wie ich damals durch ihren Segen meine alte Gesundheit wiedererlangt habe. Dank sei Gott, der mich für würdig erachtete, daß die Magd Gottes mich besuchte, durch dessen Gnade ich die Segnung mit völliger Gesundheit erhalten habe. Ihm sei Lob und Ehre und Ruhm, dessen Königreich und Herrschaft soll ohne Ende sein, in Ewigkeit. Amen.“

Alles ist bei dieser Fassung auf das Kloster Schönau ausgerichtet. Es geht gar nicht mehr nur um Hildegund. Diese ist nur mehr ein Vehikel, um das aufstrebende Kloster berühmt zu machen.
Es ist anzunehmen, daß durch diese Vita eine Heiligsprechung Hildegunds angestrebt werden sollte. Für das aufstrebende Kloster Schönau wäre es sicherlich von Wert gewesen, eine „richtige“ Heilige vorweisen zu können. Doch Hildegund wurde nie heiliggesprochen, obwohl – wie Caesarius berichtet – viele Leute aus verschiedenen Provinzen zu ihrem Grab pilgerten und vor allem verheiratete Frauen Gebete an sie richteten.
Die Schönauer Vita ist in mehreren Punkten ganz auf das Kloster hin ausgerichtet: Sie hat vorrangig den Zweck, das Kloster Schönau als ein besonderes Kloster auszuweisen.

V.

Ein Blick durchs Schlüsselloch

Die Welt des XII. Jahrhunderts fasziniert. In ihr hoffen wir etwas zu finden, was verlorengegangen ist. Steinerne Zeugen erinnern in Europa an diese Zeit. Obwohl schon achthundert Jahre darüber vergangen sind, ist der Geist dieser mittelalterlichen Welt immer noch lebendig. Wir leben in Städten, deren Grundriß in dieser Zeit festgelegt wurde. Wir besuchen und besichtigen Kirchen, in denen schon vor achthundert Jahren Gottesdienste gefeiert wurden. Wir, die wir an der Schwelle zu einem neuen Zeitalter stehen, in dem Computer, Flugzeuge, Fernseher, Videos zur selbstverständlichsten Sache der Welt gehören – wir ahnen, daß dies nur der Anfang ist –, schauen ein klein wenig sehnsüchtig zurück in die Zeit, in der für vieles der Grundstock gelegt wurde, was uns heute noch bewegt.

Was macht diesen sehnsüchtigen Blick aus? Was hoffen wir, dort zu finden? Was glauben wir, verloren – oder gar nie besessen zu haben? In großen steinernen, lichtdurchfluteten Kirchen ist noch etwas von der Ehrfurcht der Menschen spürbar vor dem, dem zu Ehren sie so große Opfer an Zeit, Lebenskraft und Arbeit brachten. In den mittelalterlichen Stadtkernen ist noch etwas davon erhalten, was jenseits unserer Perfektion, Hygiene und Machbarkeit liegt und ein Gefühl von Geborgenheit und Zuhause vermittelt.
Die Hinwendung zu einem Größeren hin gab diesen Menschen eine immense Sicherheit. Hildegunds Gewißheit, nach ihrem Tod von den Engeln zu Gott gebracht zu werden, in die Gefilde der ewigen Herrlichkeit, des Jubels und der Freude, gab ihr Kraft. Die ständige Gegenwart des Todes, die nicht vertuscht wurde, sondern jeden jederzeit treffen konnte, war eine dem mittelalterlichen Menschen immer vor Augen stehende Erinnerung an die Vergänglichkeit aller Dinge.

Weder der Tod noch das Schicksal nimmt Rücksicht auf Reichtum, Stand und Ehre. Auch der Reichste, auch der mit Würdetiteln und Ehren Überhäufte – keiner kann der Gerechtigkeit Gottes entgehen. Hat er kein gutes Leben geführt, wird er nach seinem Tod an verschiedenen Qualorten dafür zur Rechenschaft gezogen.

Doch auch im Leben ist keiner vor Schicksalsschlägen gefeit. Das mittelalterliche Rad der Fortuna warnt davor: Auf dem Höhepunkt des Glücks, des Reichtums, der Fülle kann sich niemand in Sicherheit wiegen. Gewiß ist für den, der auf dem Gipfel steht, nur eines: der Abstieg, das Armwerden, Krankwerden, Altwerden, Sterben. Deshalb ließen die mittelalterlichen Ärzte zur Ader, um die Menschen immer im Zustand vor dem gesundheitlichen Optimum zu halten. Denn wer ganz oben ist, kann nur wieder herunterfallen.

Wenn wir zurückblicken in die Zeit des Hohen Mittelalters, können wir tatsächlich nur durch ein Schlüsselloch schauen. Von dem, was dahinter liegt, können wir nur einen ganz begrenzten Teil sehen. Auf keinen Fall soviel, daß wir sagen könnten, wie es wirklich war.

Das Glücksrad

Herrad von Landsberg, Hortus Deliciarum, fol. 215.
Odilienberg (Elsaß), Ende XII. Jahrhundert.
Original am 25. August 1870 bei der Belagerung der Stadt Straßburg verbrannt.

Fortuna, das Schicksal, dreht das Glücksrad. Wer jetzt noch oben auf dem Gipfelpunkt ist, wird im nächsten Moment herabfallen, ein anderer wird dann oben sein, aber auch nur für ungewisse Zeit.

Auf der Achse des Rades steht geschrieben: „Wie das Rad sich dreht, so ändert sich die Welt in ihrem unbeständigen Lauf."

VI.

Anhang

HANDSCHRIFTENNACHWEIS

Hildegunds Lebensgeschichte ist in mehreren Fassungen überliefert. Für die drei ältesten gebe ich die genauen Nachweise an, für die Fassung des Caesarius muß die Ausgabe genügen, weil seine Wundergeschichte in mehr als 100 Voll- und Teilhandschriften überliefert ist. Die Fassung Engelhards von Langheim, die metrische und die Salemer/Paderborner Version befinden sich (lat.) im Anhang. Die Salemer/Paderborner Fassung ist eine Neuedition, die sowohl auf der Paderborner als auch auf einer bis jetzt unbekannt gewesenen Handschrift aus Kloster Salem fußt.

Fassung Engelhards von Langheim:

München, Bayerische Staatsbibliothek, clm 13097, XII. Jahrhundert (nach 1165 bis vor 1200), Prüfening, danach Stadtbibliothek Regensburg (dortige Nr. 97). fol. 133^v-167^r, (Mirakelsammlung für die Nonnen aus Wächterswinkel).

Zwettl, Stiftsbibliothek, Codex Nr. 13, XII. Jahrhundert (zw. 1190 u. 1200); fol. 228^r-234^v, Mirakelsammlung für die Nonnen von Wächterswinkel, darin die Hildegund-Geschichte fragmentarisch.

Posen, Miejska Biblioteka ehemals Raczynskische Bibliothek Posen, Hs. Nr. 173, früher Qu. II. H. d. 18, XIII. Jahrhundert (zweite Hälfte), wahrscheinlich Ebrach; fol. 42^r-79^v (Mirakelsammlung für die Nonnen aus Wächterswinkel).

Paris, Bibliothèque Nationale, nouv. acqu. ms. lat. 2627, XIV. Jahrhundert, wahrscheinlich süddeutsches oder österreichisches Zisterzienserkloster, später Regensburg; Die Hildegund-Geschichte nur im Kapitelverzeichnis aufgeführt.

Stiftsbibliothek Heiligenkreuz/Österreich, Codex Nr. 177, XIII. Jahrhundert, fol. 147^r, Fragment der Hildegund-Geschichte.

(Handschriftennachweis für die Hildegund-Geschichte Engelhards v. Langheim nach H. D. Oppel, Engelhard, S. 11-62)

Ausgaben: J. Schwarzer, Vitae und Miracula aus Kloster Ebrach, NA 6, 1881, S. 516-523 (ed. nach Cod. 173 der Raczynskischen Bibl. Posen) und H. D. Oppel, Die exemplarischen Mirakel des Engelhard von Langheim, Diss. masch. Würzburg 1976, S. 200-208.

Metrische Fassung

Zwettl, Stiftsbibliothek, cod. 24, fol. 308^{r-v}, XIII. Jahrhundert, Nachtrag.

München, Bayerische Staatsbibliothek, clm 22, 227, XII. Jahrhundert, aus Windberg; fol. 207^{r}ff.

Ausgabe: W. Wattenbach, Vita Hildegundis metrica, NA 6, 1881, S. 533-536.

Salemer/Paderborner Fassung

Universitätsbibliothek Heidelberg, Cod. Sal. X 1, Ende XII./ Anfang XIII. Jahrhundert, fol. 151^{v}-152^{v}.

Brüssel, Bibliothèque Royale, Cod. no 7503-18, XIV. Jahrhundert; aus Paderborn, fol. 131^{v}-132^{v}.

Ausgabe: Catalogus Codicum Hagiographicorum Bibliothecae Regiae Bruxellensis II, 1889, S. 92-95.

Neuedition nach der Salemer Handschrift unter Beiziehung der Paderborner im Anhang.

Die Fassung des Caesarius von Heisterbach

Ausgabe: Caesarius von Heisterbach, Dialogus miraculorum Bd. 1, hrsg. v. J. Strange, Köln/Bonn/Brüssel 1851, S. 47-53.

Klostervita

Ausgabe: D. Papenbroch, De s. Hildegunde Virgine, Ordinis Cisterciensis Schonaugiae in Germaniae, Acta SS April Bd. 2, Antwerpen, 1675, S. 780-790.

ORIGINALTEXTE

De virgine inventa in ordine nostro et defuncta[1]

Alterum vero absolvam ipsoque ad finem attingam. Aliquid iocundi habet hoc accidens in vicino, ut prope sit tempore, et loco non longe. Sconowia est domus ordinis nostri, vicina Rheno, rebus dives, habundans personis, nobilis disciplina. In hanc iuvenculus venit suscipi se rogans, cui nomen Joseph. Obtinuit ipse fultus suffragio cuiusdam incluse sancte et pre sanctitate omnibus illic manentibus familiaris ac dilecte. Intravit regulariter intromissus et ad omnem regulam ipse conversatus. Femina fuit hic homo; nemo cognovit, quamquam hoc infirmitas crebra clamaverit. Quid faceret? viriliter agere noluit, obstitit sexus natura, maxime apud nos, ubi cuncta sunt fortia. Hinc facta pusillanimis lassescere cepit et tedere et quasi velle discedere, non discipline aut laboris impatiens, sed posse latere diffidens. Equidem tam subtiles necdum incurrerat et a domesticis cavere non facile, ubi non erat huc vel illuc divertere. Haec illi et non alia causa nutandi. Sed quid in illa videre femineum, quid alienum aut novum suspicari? et diebus istis inauditum feminam attemptare tam arduum. Si cui hoc suggereret vel suus cogitatus vel angelus malus, ad radicem mox ubi oriretur aresceret; numquam ad signum, numquam ad nutum pro multa domus disciplina procederet. Hinc tamen frater Joseph securus esse non potuit, suspectum se suspicans et fluctuans iugiter nec habens solatium preter Deum et priorem solum. Apud hunc habuit gratiam specialem, specialiter ei commendatus ab inclusa sancta, que secreti huius sola creditur conscia. Voluit autem Deus finem dare angustiis et educere illum in latitudinem. Et infirmatus est Joseph usque ad mortem. Vicinus morti priorem vocat, con-

[1] Hildegund-Geschichte Engelhards von Langheim nach der Handschrift aus Kloster Ebrach in Franken. Die Handschrift befindet sich jetzt in der Miejska Biblioteka (Hs. Nr. 173) in Posen. (Ausgabe: Schwarzer, NA 6, 1881, S. 516-521)

fitetur ei, omnia ei sua preter sexum indicat. Hic per se gloriosus (sic) habuit innotescere, ‚En', inquit, ‚ego morior; promissum est mihi, non fallet qui promisit. Invenietis in me, quod miremini, sed non oportet. Magna mihi fecit Deus; dignum esset, quod responderem beneficiis eius. Si non tedet vobis audire, referam vobis, quid miraculorum fecit Deus in me.'

‚Indigena sum', inquit, ‚terre huius natus in territorio Coloniensi, patre christiano, matre pariter christiana. Defuncta est mater, pater quoque amittere me metuens, votum vovit Domino, sepulchro eius se simul et me presentare, si mihi vitam dignaretur concedere. Vovit et reddidit exiens et exhibens me Jerosolimis infantulum adhuc et parvulum nimis. Eramus in reditu, in Tyrum venimus, illic infirmatus est pater meus, mortuus et sepultus. Servum habuimus in comitatu, eius fidei commendatus sum ego et residuum pecunie viatico parate. Suscepit nos, servavit et me et pecuniam, sed carius illam; pausatum est aliquandiu in Tyro, ab inde huc transfretare dispositum. Aptantur naves, naute peregrinos ad iter invitant, in crastinum ituri et diluculo anchoras soluturi. Importantur necessaria, singuli provident sibi, pedagogus meus sui curam gerit, mei negligens. Denique abiit mane cum ceteris, deportat mea, me in hospitio et in lecto derelinquens. Evigilo, nichil invenio, non res, non socium, non vel ullum qui succurreret. Mendico, loquor et non intelligor. Fames crebras et gravissimas patior. Transit annus et nimium longus mihi. Veniunt peregrini, molior reditum, casum meum pando Theutonicis, omnes miserentur, nemo succurrit. Quidam postremo nobilium accepit me in sua, curam mei habens; cum ipso transfretavi. Romanum docuit me fames et necessitas mendicandi. Adieci studium et didici litteras, mendicans illas in scholis sicut in ostiis bucellas. Ad ultimum repatrio, venio in terram hanc: coram his qui me noverunt invenio gratiam. Interim a domino papa pulsatur imperium de ordinatione Treverensis episcopi. Pape irascitur imperator. Calumpnie huius Coloniensis episcopus domino pape favendo fit particeps, nota sunt hec. Dixerim illa pro parte mea, nam causa me tangit periclitatum usque ad mortem, huius rei gratia. Itaque in hoc negotio multi nuntii littereque cucurrerunt episcoporum ad papam, pape ad episcopos. Clam tamen istud; nam si quis deprehenderetur, proditionis reus et hostis imperii tractabatur. Hinc obsesse vie, competa custodita, ut, si quem notaret suspicio, nunquam transiret indiscussus. Apices tamen non sederunt currentes, et cum periculo portitorum, arte tamen observantibus illusum est. De portantibus unus ego fui, episcopi Coloniensis epistolas ferens, electus ad hoc et talis visus in quo minor esset suspicio. Equidem capellanus laturus illas mihi ferre commisit; perferenti magna promisit et in viam viaticum sufficiens prebuit. Baculo peregrini claudebantur arte signate, ne quis facile possit agnoscere. Precessit ille vacuus et securus. Egi si discuterer, habui sustinere dispendium. Verone debueram ei reddere litteras; illuc usque metus fuit, sed et ibi dominus papa tunc sedit.‘

Quod capta fuit et suspensa.

‚Necdum ad Alpes ventum est; in Rhetia dum transirem, que provincia est Alamanie, furem offendi. Hic iunxit se mihi, sciscitans, quonam vellem? Transalpinare me velle, dixi; dixit et ille, voti esse id sui. Imus pariter, et ecce venimus ad silvam, non grandis illa et transitu facilis. Respicimus, et „Ecce viri consequuntur nos”, aio, „concitati sunt in eundo veloces“. Ipsi a fure dampna pertulerant, et res eorum in sacco eius. Dixit ergo ad me: „Sede super saccum hunc, donec revertar ad te.“ Ingreditur silvam, latitans dum transirent, sed transire illorum non facile mihi. Veniunt ad me, saccum respiciunt, excutiunt me de illo et quod fuit in illo, suum inveniunt. Verberant me sine miseria. Innocentem me clamitans atrocius ferior, vincior loris manus, alligor furto meo, crebris ictibus minor ad tribunal, iudici offeror, accusor, manifesta causa, non est negatio, quesita sententia dampnor patibulo. Dantur inducie confitendi, sacerdos exhibetur mihi, peccata mea confiteor, taceo de presenti crimine. Hinc interrogatus inficior, rem, ut gesta est, pando. Litteras pontificales in testimonium haberi in baculo. Queritur et invenitur ille et in illo veritatis indicium. Consulit sacerdos, dimitti hominem, nemus ambiri, queri furem. Ego custodior, ille capitur. Aptatus iudicio negat se scire causam, saccum non ad se pertinere, periclitari se iniuste pro re, quam nesciret. Sacerdos agens pro me: „Iudicium“, inquit, „divinum ambos examinet, ipsum inter ista non fallet. Quem Deus monstret innoxium, liber exeat, ne modo innocens pereat et de manu vestra requirat Deus.“ Assensi sunt omnes. Venitur ad iudicium, candenti ferro veritas declaratur. Portamus illud, ego innoxius, noxius invenitur ille et inventam mihi sententiam suspendii accipit. Ego in domo sacerdotis dimissus quiesco, ille pependit in patibulo. Parentes eius et cognati indigene audientes me adhuc ibi esse, vi rapuerunt, et suum deponentes, me sine iudice et iudicio in eodem loco appenderunt. Triduo sic pependi, et non erat, qui sepeliret.‘

Quod angelus Dei venit et sustentavit eam.

‚Attamen humano cessante auxilio, affuit divinum, et angelus Dei bonus mihi missus in solatium. Hic in patibulo residens medium me complexus est, pedibus meis supponens suos, consolans me atque confortans et odore atque sapore totius suavitatis inebrians. Tum tertio die ad vesperam audio choros psallentium suavi cantilena et melodia dulcissima. Interrogat angelus attonitum me attentumque: si quid audiam? respondeo, me audire, sed non intellegere. Tum ille: „Quid sit, indicabo tibi. Agnes soror tua nunc obiit, et angeli gaudentes animam eius deferunt in excelsum. Post tres annos et te similiter in suum assument consortium.“

Quod de patibulo demissa est.

‚Interim dum ista colloquimur, pueri gregem e regione paverunt et de me sermicinando dixerunt: „Num aliquando circa patibulum istud tam secure, tam absque metu et horrore currimus, sicut modo facimus? Timuimus hic pascere gregem et cum nemo penderet. At cum puero isto diversari tam tutum, tam familiare est, haud aliter quam si viveret et nobiscum curreret. Eia!“, inquiunt, „demittamus eum deorsum, ne ultra contumeliam patiatur hoc corpusculum.“ Sic pastores loquebantur ad invicem et venerunt festinantes, et quod dicunt hoc et faciunt. Decidunt torquem, ego decido, non graviter tamen, angelo supponente manum, ne colliderer. Fugiunt pueri audaces prius, nunc exterriti, et angelus dixit mihi: „Ecce liberatus es, iam vade quo libet!“ Respondeo ei, Veronam me tendere, sed nescire viam. „En“, inquit, „Verona!“ digito monstrans mihi civitatem vix uno stadio a me distantem. In territorio Augustano terre Theutonice suspensus fui, deiectus de patibulo continuo Verone fui. Ingredior urbem, exsequor legationem meam, et inde demum revertor ad patriam. Sic veni huc in gratiarum actione responsurus Deo, quia mundum et immaculatum custodivit ab hoc seculo. Finem modo vult facere laboribus meis, quia tempus iam expletum est triennii, et dies anniversarius imminet, in quo mihi promissum est obire atque abire cum angelis. Inde est, quod in adventu infirmatus et desperatus a vobis unctionem tunc renui, sciens me usque in pascha differri. En hora iam instat promissa et novissima mihi.‘

In toto monasterio personuit istud fratrem Joseph prophetasse de morte sua, et grandis exspectatio, donec impleretur prophetia. Et impleta est, non sine dolore tamen, optantibus ceteris ut viveret, quod magnum aliquid de illo futurum sperarent. Hec spes confudit eos, ipsorum vota precurrens, et quod sperabatur in longum fore, iam tunc in illo factum ostendens, obiit Joseph sicut predixerat ipse, quidquid est christiani iuris accipiens, acceptus ipse Christo in odorem suavitatis et deductus in pace ab angelis pacis. Quarta feria pasche dum de mensa surgitur cene, ad cenam agni vocatur Joseph, atque ad exequias eius vocati conveniunt omnes. Tollitur ex more corpusculum, nudatur ad lavandum, a paucis tamen idemque brevissimum; nam protinus est cum stupore et admiratione retectum. Ceterum fama detegitur cunctis, feminam esse, que obiit, et in commendatione, quam abbas interim fecit, genus masculinum in femininum transivit. Stupent litterati omnes, audientes feminam commendari, et inter longa suspiria mirabantur virtutem Christi, cuius amore et ope fragilis hec oblita sit sexum, inierit atque finierit prelium, triumpharit inimicum. Effertur ad laicos fama: turbantur, mirantur et stupent magis ipsi, quod in puella tam tenera diabolo illusisset Dei virtus et dei sapientia Christi. Et quod dictum fuerat priori in tenebris, ipse dicit in lumine; quod in aure quisque audierat, predicabat in tectis. Laudatur ab omnibus et benedicitur Deus in donis suis. Reor et hoc ordinis nostri qualecunque preconium, quod virgo Christi tot agonibus fatigata, nec victa, dum ab angelo transitus sui tempus et felicitatem agnovit, nusquam sibi tutius Deoque laudabilius quam in religione nostra finiri se credidit. Fortiter siquidem et non diu in bello factura fortes pugnas aggressa est, ut regi suo tanto cresceret gloria, quanto infirmiori militi fieret a forti hoste victoria.

Velim hanc miraculo feminis, viris exemplo, ut glorientur ille, illi erubescant, quod hodieque non desint in feminis, que pro Christo audeant fortia, quod in viris pars maxima mulierum sectantur infirma. Nulli tamen feminarum similia suaserim, quia multis par fortitudo, sed dispar est fortuna, et eodem belli discrimine sepe cadit fortior, quo vincit infirmior.

Huius relationem testem habemus in domo, qui in obitu et exsequiis puelle presens fuit, referens nobis quod audivit ipse et vidit. Siquidem in pascha huius anni res accidit, qui est annus ab incarnatione Domini MCLXXXVIII. Ceterum abbas ille rei novitate attonitus vitam puelle sciscitare plenius voluit, ipsam ab inclusa investigare perrexit, scripturus eam ipse, postquam didicerit. Interim, si dignamini, tenete nostra, donec illa vulgentur; ego in Christi tabernaculum pro mea facultatula offero pilos certe caprarum, quia meliora non habeo; ceterum preciosa offerentibus non preiudico, sed cedo, sed defero, sed obsequor preconando.

Post finem exequiarum, quod pene omissum, dum obitus eius esset assignandus et scripto aliis commendandus, dubitatum est, quod ei nomen imponerent, quia Joseph masculum, et non feminam significaret, et abbas dans finem ambiguo: ‚ancillam Dei', quod vere fuerat, scribi fecit. Sub hoc nomine obitus eius venit ad nos, nam continens: ‚XII. kal. Maii ancilla Dei.'

Vita Hildegundis metrica[1]

Grande novumque stilo mandabimus, utilitas
Intuitu, quod concelebret laus posteritatis.
Clara Dei cultu Sconaugia dicta videtur,
Reno iuncta domus, personis, rebus habundans:
Religione magis, Clare plantatio vallis.
Venit eo ducente Deo puer, isque perorat
Ingressum; Precibus simul evincente favorem
Inclusa, domui nota fame per odorem.
Hic vir erat pro veste viri, sub veste puella.
Ingressus tenerasque manus ad fortia mittens,
Succumbit, nutans refugit caro pondus et estus.
Nunc victus, victor modo spiritus, arma resumens
Pugnat, et in fragili vicit patientia sexu.
Unicus hic puerum metus enecat omnibus horis,
Feminei prodire timens archana pudoris.
    Ecce Joseph, quod nomen ei, languore gravatus
Detegit, excepto sexu, secreta priori.
'En vocor: explicite referam discrimina vite.
Fovit me patrie vicina Colonia terre.
Mater decessit, solus cum patre relinquor,
Quo duce dante Deo loca sancta peto tener evo,
In quibus humanam crux est operata salutem.
In reditu Tyri deploro patrem sepeliri.
Traditus in curam, curat mea meque minister.
Rara fides hominum, quibus est formido magistra.
Dum servat mea meque, reservat carius illa.

[1] Anonyme metrische Bearbeitung der Fassung Engelhards aus Kloster Windberg, Jetzt in München, Bayerische Staatsbibliothek, clm 13097. (Ausgabe: Wattenbach, NA 6, 1881, S. 533-536)

Pandere vela nothis invitantur redituri.
Ecce meus, iam non meus ille ratem pedagogus
Abtat, abit, portat mea; solus in ede relinquor.
Dum vigilo, fraudem video; tabesco dolore:
Amplior equoreis angit me cura procellis.
Exul egensque vagor; mihi barbara lingua, famesque
Longa, manus mendica, dies fecere nefastos.
Panis et ignoti sermonis colligo micas.
Emendico scolis quod erat studii vel honoris.
Annus abit; mare sulcantes veniunt Alemanni.
Mota querendo movet cunctos contricio Joseph.
In sua me tandem suscepit larga potestas,
Restituens oris reducem patrie regionis.
Fluctuat interea pacis status ecclesiarum.
Electum Treveris favor improbat imperialis.
Papa favendo probat; super hoc dissentit uterque.
Inter se pugnant gladii duo: spiritualis
Obviat imperio, versa vice materialis.
Scinditur in partes Christi domus, unio pacis.
Pars iuvat hec Romam, sceptri fovet illa coronam.
Causa timoris erant gladiis obsessa viarum
Competa; legatis captis, cesis, spoliatis,
Pontifices mittunt apices, hinc inde receptant.
Cum proprio favet his pastore Colonia, mittens
Veronam, qua papa moram faciendo resedit.
Tam prece quam precio, legati scripta ferenda,
Arte viatoris baculo signata, recepi,
Nam minor in pedite fuerat nota suspicionis.
Curro parum tutus; preit ille timore solutus.
Cis alpina tenens, offendo per invia furem.
Ille comes petit esse meus, concedo petenti.
Progredimur, sonus excipitur post terga sequentum.
Fur latuit, sua deposuit, dum transeat hostis,
Me penes; inventis in sacco rebus ademptis
Inficior, magis afficior flagris cumulatis.
Vincior atque trahor; tractus sub iudice causam

Intro, set allegare vetat presentia dampni.
Res manifesta reum docet, annuit ordo senatus,
Morte crucis dampnat sententia; posco, sacerdos
Assit: adest; peto det veniam delicta fatenti.
Ille super causa rogat, insontem probat in qua
Conscia mens veri; fortuna mihi mala iunxit
Furem, vicinis sacco sublata ferentem.
Deprensum fuga defendit per opaca frutecti:
Si nemus ambitur, reus intro latens reperitur.
Que mea dicta probet, spectetur harundine clausa
Cartula pontificis, teneor quam ferre Veronam.
Explorata fides mea iudicium revocavit.
Milite, rete, cane, cinctum nemus occupat hostem.
Lis recidivatur, nova contestatio litis
Meque meumque premens urget nims, amplius illum.
　　Fur ait: ‚In culpa dolor est labi sine culpa.
Sacculus adverse partis deprensus in usu
Ipse meus non est; non est meus ipse, set eius.
Testibus ista probo quos me cepisse videtis.‘
Ast ego: ‚Depositum servare tuum mihi tutum
Credideram; nichil intro mali latitare verebar,
Te socium ratus innocuum; tua te fugiente
Conmendata mihi reddo tibi. Numina celi
Testor, eum, qui nec falli nec fallere novit.‘
Fur contra: ‚Vox unius vox nullius; idem
Et reus et testis nequit esse: reperta penes te
Res ablata reum culpam vetat inficiari.‘
Obticui, nec enim potui convincere fraudem.
Sola Dei per me pariet sibi gratia laudem.
　　Prespiter accedens pro me nutante perorat:
‚Simplicitas hominis innoxia, laude colenda,
Non cruce plectenda, divino iure docetur.
Indubitata fides mea novit, et astipulatur,
Nil meruisse mali iuvenem, nec iure gravari.
Ne tamen humanas violet violentia leges,
Consulo iudicium ferri candentis adiri.‘

Dixit, et effectus comitatur: uterque subimus
Examen; nil lesa manus mea, furis adusta.
Ille crucem scandit; mihi vero meus sua pandit
Limina confessor, pater hic meus atque redemptor.
Turpe genus fati cognatio questa necati,
Preter iudicium violenter ab ede revulsum,
Suspenso cruce deposito, me substituerunt.
Pendeo non pendens, set per triduum pede fultus
Numinis angelici, cuius mihi gloria vultus,
Cuius odor, prebent oblectamenta saporis.
Hausi sero melos tangens dulcedine celos.
Angelus ignarum docet, organa significare
Virginis Agnetis animam super astra meare,
Meque annis tribus emenis hac sorte beari.
Pastores aderant de me miserando locuti:
,Huic servare fidem pietatis hortatur; eidem
Succiso laqueo, tumuli prestemus honorem'.
Dicta probant opere, pendentem deposuere.
Set casum, subdendo manum, tibi cura tueri,
Angele celestis; descendo sospite vita,
Respicio: pavor attonitos fugat opiliones.
,Quolibet ire licet tibi; liber eas', meus inquit
Tutor. Ad hec ego: ,Proposui migrare Veronam.'
,Ecce Verona subest oculis', ait, ,ingrediaris.'
Vix stadiis semota tribus, quam sorte viarum
Constat ab Augusta septem distare dietis.
O virtus deitas, opus magnum pietatis!
Introgressus, iter, causam, mandata peregi.
Set rediens, seriemque legens in corde dolorum,
Hic Christo duce subsisto mansurus in ipso,
Ut resonet devota meo laus eius in ore,
Multiplici super exhibite virtutis honore,
Pro meriti donis, pro salvi dote pudoris.
Fluxit trimatus hodie, quo percipiende
Lapsa polis hausi pendens promissa corone.
Meta subest bravii, iam portus hora tenendi.

Materies vobis migrans parebo stuporis.
Auctori super his Christo sonet imnus honoris'.
Finierat Joseph, cenamque vocatur ad agni,
Quarto paschalis ferie iam sole ruente.
Cuius ad exequias fama celeberrimus abbas
Advolat, ymnisona fratrum stipante caterva.
Inter vota precum, scapulis ex parte retectis,
Exhibita lavacro conparet candida virgo.
O rerum nova materies! stupor occupat omnes.
Codice verba legens commendativa sacerdos,
Mutato sexu, textum mutare tenetur,
Pro monacho monacham recitans, pro fratre sororem,
Et qui mas fuerat, nunc femina commemoratur.
De breve scribenda dubitantes expedit abbas,
Nam iubet ignoti vice nominis ista reponi:
‚Transiit ancilla Christi' de more kalendis
Prefixis, in fine loco subcontinuato:
XII° kal. maiio ancilla Dei in Sconaugia anno ab incarnatione domini M°C°LXXX°VIII°.
Hec in laude, tui depromsi virgo serena.
Redde vicem dans perpetue loca lucis amena.

Die Salemer/Paderborner Fassung

Diese Fassung war der Hildegund-Forschung bisher als Handschrift C bekannt und in einer Handschrift des XIV. Jahrhunderts, die sich wohl ehemals in Paderborn befand, überliefert. Doch diese Fassung ist auch in einer Handschrift des XII. Jahrhunderts aus Kloster Salem zu finden. (Werner, S. 329). Die anschließende Edition fußt auf der älteren, d.h. der Salemer Handschrift S. (Cod. Sal. X 1). Da die Salemer Handschrift von der Hildegund-Forschung bis jetzt noch nicht berücksichtigt worden ist, habe ich sie neu ediert. Die Varianten der Paderborner Handschrift P. sind angegeben. Nicht berücksichtigt sind geringfügige orthographische Unterschiede, wie z. B. ch statt h, y statt i, d statt t.

Cum eximius prophetarum, immo evangelista potius quam propheta dicendus Isaias aversionem iudaice plebis instinctu sancti spiritus declamare vellet, ita exorsus est. Audi celum, et auribus percipe, terra, quia os domini locutum est. Mira dicturus celum et terram ad audiendum vocat, ita ego dicturus rem omnibus[1] gentibus inauditam, et post partum virginis[2] ut estimo omnibus miraculis mirabiliorem gloriosissimum[3] virginis triumphum, nullo huic[4] materiei competentiori, quam eodem prophetico uti me posse arbitror exordio. Audi celum et auribus percipe terra, novum quod fecit dominus[5] super terram, his diebus nostris, a seculo inauditum, virili sexui imitabile, femineo gloriosum. Venit quidam adolescens estimatus, pulcher facie sed pulchrior fide[6] et moribus, honestate, petens[7] introitum in monasterium sconaugie, quod situm est in territorio wormaciensi[8], ex re nomen habens. Sonat enim pulchra insula, et area[9] amenissima est personis et rebus opulenta, cisterciensis[10] ordinis religione pollens, clarevallis plantatio. Cooperante itaque quadam inclusa venerabili precibus suis, que nota erat monasterio fama non facie, prefatus adolescens in fratrem susceptus est. Ingressus vero tam durissimam cum diabolo et propria carne luctam, licet utrimque a gemino hoste graviter angeretur, semper tamen in mente habens, non sunt condigne passiones huius temporis ad futuram gloriam, que revelabitur in nobis,[11] de die in diem se ipso robustior, contra omnia temptamenta obtinuit victoriam. Valde tamen sollicitabatur, ne archanum suum soli deo

---

[1] omnibus rem P.

[2] virginis sacratissime P.

[3] glorissimum S.

[4] *deest* P.

[5] dominus fecit P.

[6] fide pulchriori P.

[7] honestate, preditus petens P.

[8] warmaciensium P.

[9] aera P.

[10] cisterciensium P.

[11] gloriam, que revelabitur in nobis *deest* S.

cognitum quoquomodo proderetur. Expleto autem in tali agone biennio, Ioseph quod nomen sibi imposuerat, preambulam felicissimi obitus sui incidit egritudinem. Accito ergo priore monasterii omnem seriem vite sue ei confitebatur, eo dumtaxat tacito[12] quod sub habitu virili femina latebat. Ecce vocor ait[13] cursu vite mortalis pene consummato, quarta feria paschalis hebdomade, carnis onus deo propicio depositurus. Patria mihi fuit terra vicina agrippine, et matre mea defuncta, pater meus adhuc in tenera etate orationis causa duxit me hierosolimam. In reditu vero pater meus apud tyrum de medio factus, me meaque omnia ministri sue fidei commendavit. Qui avaritia et fraude pessimis consultoribus usus, omnia mea auferens, me in domo relicto clam me navigavit. Evigilans autem cum audissem quod mihi acciderat, quo dolore angebar, non valeo explicare. Exul quippe et vagus idioma terre ignorans, inedia[14] cruciabar, non habens ubi caput reclinarem, mendicabam tamen[15], et scolas frequentabam. Transacto in ea miseria et mendicitate anno, transfretantibus alemannis, cum infortunii mei casus cum magno eiulatu eis conquererer[16], quidam nobiles dives et potens, misericordia motus, in curam suam me suscipiens, revexit in terram nativitatis/fol. 152r/ mee. Eodem tempore controversia erat inter duos electos treverensis ecclesie, quorum alteri apostolicus qui tunc temporis verone morabatur, alteri favebat[17] imperator. Et cum utrique electorum sue partis captaret favorem, et pontfices hinc inde apices mitterent et reciperent, legatis etiam pluribus captis, cesis, et spoliatis et per compita viarum tales stricte essent insidie, ut nulli legatorum apices baiulanti tutus esset transitus, colonienses cum suo presule alteri partium faventes, cum suas propter hoc litteras destinaturi essent, legatus quem ad hoc direxerunt, me utpote adolescentem ad hoc opus idoneum, prece et precio indu-

[12] tacito ut P.

[13] quod sub habitu virili femina latebat. Ecce vocor ait *deest* P.

[14] in ecclesia P.

[15] *deest* P.

[16] quererer P.

[17] favit S.

xit, ut scripta baculo inclusa more viatoris portarem, quia in pedite minor foret nota suspicionis, et legatus litteras non ferens eques transiret securior[18]. Cumque cisalpinas partes adissem, per viam[19] gradiens, incidi in furem. Cui petenti ut comes itineris mei foret, cum ei acquiescerem, paululum progressis, ecce post terga sonus excipitur persequentium. Fur ergo sibi conscius, saccum quem ferebat cum rebus furatis penes me deponens, inter frutecta nemoris donec persecutores transirent se abscondit. Advolantes itaque me tamquam furem manifestum comprehenderunt. Et licet inficiantem multis flagris cesum, vinctum ad iudicium pertraxerunt, et per sententiam ad crucis supplicium dampnaverunt. Sed quia presentia dampni omnem pro innocentia meam allegationem exclusi[20], et cum non suppeteret[21] mihi nisi laqueus, petivi copiam sacerdotis mihi dari, et concedi horam confitendi. Accito sacerdote dum ei rem uti gesta erat ordine narassem, et si nemus ambiretur furem intus repperiri, et in argumentum assertionis mee, non me furem, sed litterarum pontificalium baiulum esse, harundinem in qua clause littere tenebantur pretendere, consilio sacerdotis sententia dampnationis mee revocata est et nemore militibus retibus et canibus circumdato, fur est comprehensus. Precincti[22] itaque ad iudicium ambo urgebamur, sed ille amplius. Cumque ad confitendum crimen cruciatibus torqueretur, sic ait: Intollerabilis mihi dolor est in culpam sine culpa labi, cum ius gentium sit pro furto non dampnari, nisi furti baiulum, vel abigeum, unde potius eum apud quem saccus[23] cum rebus furatis repertus est quam me dampnare debetis, et si non mihi, saltem his qui me ceperunt credite, nil in me furti repertum. At ego inquam: Socium te itineris innocuum credebam, in deposito[24] quod mihi credidisti, nil mali latere suspica-

---

[18] securus P.

[19] invia S.

[20] mea exclusit legationem S.

[21] et non supererat S.

[22] procincti S.

[23] saccum P.

[24] debito S.

bar, depositum tuum tibi reddo, et vera me asserere eum qui nec falli nec fallere potest, deum testor. At fur contra. Vox unius vox nullius, idem actor et testis esse non potest[25], res furtiva penes te reperta, crimen te prohibet[26] inficiari. Obticui nec enim potui convincere fraudem. Tunc accedens presbyter meus confessor, pro me allegabat. Indubitanter novi et fideliter promitto, nil meruisse mali[27] iuvenem, nec iure gravari, sed innoxia simplicitas eius divino iure laudanda est non morte plectenda. Ne tamen innocens iniuste dampnetur, et reus inmerito absolvatur, consulo iudicium ferri candentis adiri. Quod cum factum esset, divino iudicio innocentia mea probata est, et scelus furis detectum, quippe examine peracto, manus mea illesa apparuit, furis adusta. Illo ergo in cruce suspenso, confessor et liberator meus, cum gaudio recepit me in domum suam. Sed ecce omnium bonorum diabolus cognationem suspensi, usque adeo[28] succendit, ut sine iudicio me de domo sacerdotis violenter extractum, suspenso de eculeo deposito, loco eius suspenderent[29]. Statimque angelus domini affuit, per triduum me non solum sustentans sine lesione, sed et gloria vultus sui et odore oblectans, ita ut maximis deliciis me interesse putarem. In nocte vero audivi simphoniam tam dulcisonam atque iocundam, ut michi unquam tale me audisse meminerim. Querentem quid hoc esset, angelus me docuit, virginis agnetis sororis mee animam cum tali concentu ad celum migrare[30], meque emmenso biennio, similiter migraturam[31]. Cumque sic per triduum penderem non pendens, pastores qui non casu sed divino nutu in vicino pascebant, de me miserando colloquebantur, quod mecum hanc facerent[32] humanitatem, ut succiso laqueo me deponerent, et pie commendarent se-

---

[25] potes P.
[26] te esse perhibet P.
[27] mali meruisse P.
[28] adeo usque P.
[29] suspenderunt P.
[30] migrasse P.
[31] migraturum P.
[32] facerent hanc P.

pulture. Cumque ut condixerant me deponerent, angelus qui me[33] sustentaverat manum subdendo ne caderem, plane me ad terram sospite vita submisit. Respexi, et territi fugiere[34] pastores. Et dixit mihi angelus. Ecce liber eas, ire tibi licet, quocumque libet. Et dixi. Domine mi, veronam ire proposui. Et statim in momento transposuit me iuxta veronam. Et dixit. Ecce verona hinc distat tantum stadiis tribus, liber ingrediaris. Distat autem verona ab augusta, in cuius confinio hec gesta sunt, itinere dierum septem. Ingressus itaque negotium ad quod destinatus eram prospere peregi indeque rediens deo duce in hoc sanctum collegium intravi, in hoc misericordiam dei et transitum meum expectans. Et quia hodie effulsit biennium quo percipiende corone promissa pendens celitus accepi, scio quod/fol. 153^{v}/ tempus mee resolutionis instat, et portus tenendi hora appropinquat. Et cum migravero apparebit in me unde stupeatis, et illo[35] bonorum omnium largitori gratias agere debeatis, his finitis cum prior diceret frater inaudita refers, et[36] quo argumento credam te vera asserere, respondit. Si ea feria qua predixi obiero, et ante obitum vix spacio unius misse legende officium lingue[37] deposuero, quecumque dixi vera credatis. His dictis, ioseph ut predixerat quarta feria pachalis ebdomade que erat duodecimo kalendas maii, anno incarnationis domini millesimo centesimo[38] octuagesimo octavo sole iam ad occasum tendente, ad cenam agni vocatus migravit ad dominum. Ad cuius exequias dum abbas et fratres ex more convolarent, et corpus ad lavandum detegeretur, virginale apparuit. Stupentibus cunctis miraculi novitate, sacerdos commendationes legens, mutato sexu, textum mutare cogebatur. Pro monacho monacham recitans, pro fratre sororem. Et qui mas fuerat, nunc femina commemoratur[39]. Cumque de brevibus pro ea scribendis dubitaretur a fratribus, abbas vice ignoti

---

[33] *deest* P.

[34] fuere P.

[35] et deo P.

[36] ex P.

[37] lingue *deest* S.

[38] ducentesimo P.

[39] nominatur P.

nominis iussit scribi, duodecimo kalendas maii obiit ancilla dei in sconaugia. Emensis aliquot diebus post illius sanctissime obitum, fratres nomen illius scire cupientes, miserunt in viciniam colonie, unde se oriundam confessa fuerat, et studiose investigantes, inventa quadam anu cognata illius beate[40], quod hiltegunda[41] vocaretur compererunt. Cuius meritis et precibus deus qui[42] in fragili femineo sexu tam virilem[43] tamque fortissimum donavit animum, det et nobis spiritum fortitudinis, quo valeamus evincere, et eundem fortissimum leonem diabolum qui circuit querens quem devoret. Quod ipse prestare, dignetur, qui vivit, et regnat sine fine AMEN.

---

40 anu, que cognata illius beate erat P.

41 hildegundis S.

42 qui ei P.

ABKÜRZUNGEN

AASS	Acta Sanctorum
AB	Acta Bollandiana
Abb.	Abbildung
AKG	Archiv für Kulturgeschichte
Beitr.	Beiträge
Bd.	Band
Cod.	Codex
DA	Deutsches Archiv für Erforschung des Mittelalters
Diss.	Dissertation
ed.	ediert
Febr.	Februar
fol.	folio, Blatt
Hrsg., hrsg. v.	Herausgeber, herausgegeben von
Jb.	Jahrbuch
lat.	lateinisch
MGH	Monumenta Germaniae Historica
SS	Scriptores
SS rer. Merov.	Scriptores rerum Merovingicarum
Migne PL	J. P. Migne, Patrologiae cursus completus, Series latina, 1844-1865
NA	Neues Archiv
^{r}	recto, Vorderseite
RNZ	Rhein-Neckar-Zeitung
SB	Sitzungsberichte
Sp.	Spalte
^{v}	verso, Rückseite
ZGO	Zeitschrift für die Geschichte des Oberrheins

Die biblischen Bücher sind mit den Siglen der Vulgata-Ausgabe von R. Weber, Stuttgart^{2}1975, gekennzeichnet.

QUELLEN

Abaelard, Die Leidensgeschichte und der Briefwechsel mit Heloisa, hrsg. v. E. Brost, Heidelberg[4] 1979.

Bernhard von Clairvaux: Sancti Bernardi opera, Vol. I u. II, Sermones super cantica canticorum, hrsg. v. J. Leclercq, C .H. Talbot, H. M. Rochais, Rom 1957 und 1858.

Botho von Prüfening, Liber de miraculis sanctae dei genetricis Mariae, hrsg. v. B. Pez, Oxford 1925.

H. Brackert (Hrsg.), Minnesang. Mittelhochdeutsche Texte und Übertragungen, Frankfurt a. M. 1986.

Caesarius von Heisterbach, Dialogus miraculorum Bd. 1 u. 2, hrsg. v. J. Strange, Köln/Bonn/Brüssel 1851.

Engelhard von Langheim: H.D. *Oppel*, Die exemplarischen Mirakel des Engelhard von Langheim, Diss. (masch.) Würzburg 1976.

Gottfried von Straßburg, Tristan, Bd. I, II, III, Hrsg. v. R. Krohn, Stuttgart 1980.

Herbert von Clairvaux, Liber miraculorum, Migne PL 185, Sp. 1273-1384.

Hieronymus, Briefe Teil 1, hrsg. v. I. Hilberg, in: Corpus scriptorum ecclesiasticorum latinorum, Bd. 65, Wien/Leipzig 1910.

Hildegard von Bingen, opera omnia, Migne PL 197, 1855.

— Wisse die Wege. Scivias, übers. u. bearb. v. M. Böckeler, Salzburg 1954.

— Heilkunde. Das Buch von dem Grund und Wesen der Heilung der Krankheiten, übers. u. erl. v. H. Schipperges, Salzburg 1957.

— Briefwechsel, übers. u. erl. v. A. Führkötter OSB, Salzburg 1965.

— Lieder, hrsg. v. P. Barth OSB, M. J. Ritscher OSB, J. Schmidt-Görg, Salzburg 1969.

— Welt und Mensch. Das Buch „De operatione Dei“, übers. u. erl. v. H. Schipperges, Salzburg 1965.

— Der Mensch in der Verantwortung. Das Buch der Lebensverdienste (Liber vitae meritorum), übers. u. erl. v. H. Schipperges, Salzburg 1972.

Das Leben der Heiligen *Hildegard*, berichtet von den Mönchen Gottfried und Theoderich, übers. u. komm. v. A. Führkötter OSB, Salzburg² 1980.

Hildegund von Schönau:

J. *Schwarzer*, Vitae und Miracula aus Kloster Ebrach, in: NA 6, 1881, S. 516-523.

D. Papebroch, De s.Hildegundis Virgine, Ordinis Cisterciensis Schonaugiae in Germaniae, AASS April Bd. 2, Antwerpen, 1675, S. 780-790.

W. Wattenbach, Vita Hildegundis metrica, NA 6, 1881, S. 533-536.

Honorius Augustodunensis, Elucidarium, Migne PL 172, Sp. 1109-1176.

Hugo von Trimberg, Das Registrum multorum auctorum, hrsg. v. Joh. Huemer, in SB Wien 116/1, 1888, S. 145-192.

Jacobus a Voragine, Legenda Aurea vulgo Historia Lombardica dicta, hrsg. v. Th. Graesse, Leipzig ³1890.

Lateinische Lyrik des Mittelalters, ausgew., übers. u. komm. v. P. *Klopsch*, Stuttgart 1985.

Konrad von Eberbach, Exordium magnum ordinis Cisterciensium, Migne PL 185, Sp. 995-1198.

Petrus Cantor, Verbum abbreviatum, Migne PL 205, 1855, Sp. 22-555.

Rodulfus Glaber (Raoul Glaber), Historiarum libri V, (Les cinq livres des ses histoires) (900-1044), hrsg. v. Maurice Prou, Paris 1886.

LITERATUR

Berschin, W., Biographie und Epochenstil im lateinischen Mittelalter, Bd. I. Von der Passio Perpetuae zu den Dialogi Gregors des Großen, Stuttgart 1986.

— Biographie und Epochenstil im lateinischen Mittelalter Bd. I. Merowingische Biographie; Italien, Spanien und die Inseln im frühen Mittelalter, Stuttgart 1988.

— Die Schönheit des Heiligen, in: Schöne Frauen – Schöne Männer, Literarische Schönheitsbeschreibungen, hrsg. v. T. Stemmler, Tübingen 1988.

— Joseph, die Magd Gottes. Rhein-Neckar-Zeitung Nr. 88 vom 16./17.IV.1988, S. 33.

Bookmann, H., Gelöstes Haar und seidene Schleier: Zwei Äbtissinnen im Dialog, in: R. Beck (Hrsg.), Streifzüge durch das Mittelalter. Ein Historisches Lesebuch, München 1989, S. 213-216.

Borst, A., Lebensformen im Mittelalter, Frankfurt a. M./ Berlin/Wien 1979.

Bosl, K., Gesellschaftswandel, Religion und Kunst im hohen Mittelalter, in: Bayerische Akademie der Wissenschaften Phil. Hist. Klasse, SB, 1976, Heft 2, München 1976.

Dalarun, J., Erotik und Enthaltsamkeit. Das Kloster des Robert von Arbrissel, Frankfurt a. M. 1987.

Derwein, H., Das Zisterzienserkloster Schönau, Frankfurt a. M. 1931.

Dinzelbacher, P., Über die Entdeckung der Liebe im Hochmittelalter, in: Saeculum 32, 1981, S. 185-220.

— Vision und Visionsliteratur im Mittelalter, in: Monographien zur Geschichte des Mittelalters 23, 1981.

Flasch, K. (Hrsg.), Mittelalter, in: R. Bubner (Hrsg.), Geschichte der Philosophie in Text und Darstellung, Bd. 2, Stuttgart 1982.

Frenzel, E., Motive der Weltliteratur. Ein Lexikon dichtungsgeschichtlicher Längsschnitte, Stuttgart[2] 1980.

Grundmann, H., Religiöse Bewegungen im Mittelalter. Untersuchungen über die geschichtlichen Zusammenhänge zwischen der Ketzerei, den Bettelorden und der religiösen Frauenbewegung im 12. und 13. Jahrhundert und über die geschichtlichen Grundlagen der Deutschen Mystik, Darmstadt[2] 1961.

Griesser, B., Engelhard von Langheim und sein Exempelbuch für die Nonnen von Wächterswinkel, in: Cistersienser-Chronik 70, 1963, S. 55-73.

LeGoff, J./Bremond, Cl./Schmitt, J.-Cl., L'Exemplum, Brepols 1982.

Günter, H., Psychologie der Legende, Freiburg 1949.

Guth, K., Die Heiligen Heinrich und Kunigunde. Leben, Legende, Kult und Kunst, Bamberg 1986.

Hennecke, E., Neutestamentliche Apokryphen, Bd. 2, Hrsg. W. Schneemelcher, Tübingen[4] 1971.

Huffschmid, M., Beiträge zur Geschichte der Cisterzienserabtei Schönau bei Heidelberg, in: ZGO 45, 1891, S. 416-449.

Koch, G., Frauenfrage und Ketzertum im Mittelalter, Berlin 1962.

Ketsch, P., Frauen im Mittelalter, hrsg. v. A. Kuhn, Bd. 2, Frauenbild und Frauenrechte in Kirche und Gesellschaft. Quellen und Materialien, Düsseldorf 1984.

Lexikon des Mittelalters, München/Zürich 1977ff.

Mayer, H. E., Geschichte der Kreuzzüge, Stuttgart/Berlin/ Köln/ Mainz[6] 1985.

— Idee und Wirklichkeit der Kreuzzüge. Historische Texte. Mittelalter, 1965, S. 25.

Nottarp, H., Gottesurteilstudien, München 1956.

Ohly, F., Hohelied-Studien. Grundzüge einer Geschichte der Hoheliedauslegung des Abendlandes bis um 1200, Wiesbaden 1958.

Ohly, F., Hohelied-Studien. Grundzüge einer Geschichte der Hoheliedauslegung des Abendlandes bis um 1200, Wiesbaden 1958.

Oppel, H. D., Die exemplarischen Mirakel des Engelhard von Langheim, Diss. (masch.) Würzburg 1976.

Rendtel, C., Hochmittelalterliche Mirakelberichte als Quelle zur Sozial- und Mentalitätsgeschichte und zur Geschichte der Heiligenverehrung untersucht an Texten insbesondere aus Frankreich, Diss. Berlin 1985.

Rösener, W., Grangienwirtschaft und Grundbesitzorganisation südwestdeutscher Zisterzienserklöster vom 12. bis 14. Jahrhundert, in: Die Zisterzienser. Ordensleben zwischen Ideal und Wirklichkeit, Ergänzungsband, Köln 1982, S. 137-165.

Rück, P., Schreiben als Askese und Gottesdienst, in: Alma Mater phillippina, WS 88/89, (Marburger Universitätsbund e.v.), S. 22-25.

Schaab, M., Die Zisterzienserabtei Schönau im Odenwald, Heidelberg 1963.

Schmidt, M., Mechthild von Magdeburg, in: J. Thiele (Hrsg.), Mein Herz schmilzt wie Eis am Feuer. Die religiöse Frauenbewegung des Mittelalters im Portrait, Stuttgart 1988, S. 71-87.

Schmugge, L., Radulfus Niger, De re militari et triplici via peregrinationis ierosolimitane (1187/88), Berlin/New-York 1977.

Schneider, Ambrosius, Die Cistercienser. Geschichte–Geist–Kunst, Köln 1974.

Schneider, Franz, Die Vita Eberhardi de Commeda (auch de Stalecke genannt) als rheinische Geschichtsquelle für die zweite Hälfte des 12. Jahrhunderts, in: ZGO 110, 1962, S. 36-73.

Sedlmayr, H., Die Wende der Kunst im 12. Jahrhundert, in: Th. Mayer (Hrsg.), Probleme der Forschung XII, 1968, S. 425-440.

Stoeckle, M., Studien über Ideale in Frauenviten des VII.-X. Jahrhunderts, Diss.München 1957.

Szövérffy, J., Bruch mit der Tradition: „Subjektivierende" Tendenzen in der Epik des 13. Jahrhunderts, in: K. Bosl (Hrsg.), Gesellschaft, Kultur, Literatur: Rezeption und Originalität im Wachsen einer europäischen Literatur und Geistigkeit; Beitr. Luitpold Wallach gewidmet, Stuttgart 1975, S. 209-222.

Thiele, J. (Hrsg.), Mein Herz schmilzt wie Eis am Feuer. Die religiöse Frauenbewegung des Mittelalters im Portrait, Stuttgart 1988.

Thum, B., Aufbruch und Verweigerung. Literatur und Geschichte am Oberrhein im hohen Mittelalter, 2 Bde., Waldkirch i. Br. 1980.

Walther, H., Proverbia sententiaeque latinitatis medii aevi, Göttingen 1963-69.

Weimar P., (Hrsg.), Die Renaissance der Wissenschaften im 12. Jahrhundert, Zürich 1981.

Werner, W., Schreiber und Miniatoren – Ein Blick in das mittelalterliche Skriptorium des Klosters Salem, in: Salem. 850 Jahre Reichsabtei und Schloß, hrsg. v. R. Schneider, Konstanz 1984, S. 295-342.

Wimmer, O., Melzer, H., Lexikon der Namen und Heiligen, Innsbruck/Wien/München[4] 1982.

Worstbrock, F. J., Hildegund von Schönau, Die deutsche Literatur des Mittelalters. Verfasserlexikon, K. Ruh (Hrsg.), Bd. 4, Berlin/New York[2] 1983, Sp. 4-8.

Die biblischen Bücher sind mit den Siglen der Vulgata-Ausgabe von R. Weber in der Württ. Bibelanstalt, Stuttgart 1969, gekennzeichnet.

SCHRIFTENREIHE FEMINISTISCHE WISSENSCHAFT

EBENSO NEU ALS KÜHN

120 JAHRE FRAUENSTUDIUM AN DER UNIVERSITÄT ZÜRICH

EBENSO NEU ALS KÜHN dokumentiert nicht nur die Geschichte des Frauenstudiums in der Schweiz, sondern der Frauenforschung überhaupt. Die Wiege des Frauenstudiums liegt in Zürich: denn Zürich hat als erste deutschsprachige und als zweite europäische Universität (nach Paris) Frauen zum Studium zugelassen. Hier versammelten sich im vorigen Jahrhundert die intellektuellen und selbstbewußten Frauen aus ganz Europa und den USA, vor allem aber russische Emigrantinnen, politische Flüchtlinge.
Als erste Juristin schloß Emilie Kempin-Spyri 1887 das Studium ab. Da sie als Frau über kein Stimmrecht verfügte, wurde ihr die Anwaltstätigkeit untersagt. Ihre Klage beim Bundesgericht wurde mit folgender Begründung abgelehnt: »Wenn nun die Rekurrentin zunächst auf Art. 4 der Bundesverfassung (Alle Schweizer sind vor dem Gesetze gleich) abstellt und aus diesem Artikel scheint folgern zu wollen, die Bundesverfassung postuliere die volle Gleichberechtigung der Geschlechter auf dem Gebiete des gesamten Öffentlichen- und Privatrechts, so ist diese Auffassung ebenso neu als kühn. Sie kann aber nicht gebilligt werden.«

Mit Beiträgen von Doris Stump, Angela Graf-Nold,
Myriam Salzmann, Christina Thürmer-Rohr.
240 Seiten, mit Abb. und Dokumenten, broschiert, DM/Fr. 29,80
ISBN 3-905493-01-2

eFeF-VERLAG · POSTFACH 7321 · CH-8023 ZÜRICH

SCHRIFTENREIHE FEMINISTISCHE WISSENSCHAFT

Die SCHRIFTENREIHE wendet sich an ein wissenschaftliches Publikum sowie an alle, die sich mit Feminismus befassen. Die Texte sollen sich deshalb vom Inhalt wie von der Sprache her nicht nur an ein spezialisiertes Fachpublikum richten, sondern auch weitere LeserInnenkreise ansprechen.

FEMINISTISCHE WISSENSCHAFT zeichnet sich durch ein Denken und Forschen aus, das nicht primär auf die Anerkennung durch die männlich geprägte herrschende Wissenschaft ausgerichtet ist, sondern eigenständige Wege geht. Zugleich ist feministische Wissenschaft bestrebt, die bestehenden Grenzen zwischen den wissenschaftlichen Disziplinen wie auch zwischen Wissenschaft und Alltag in Frage zu stellen und zugunsten eines grundsätzlich neuen Wissenschaftsverständnisses zu überwinden.

SCHWERPUNKTE DER FORSCHUNG SIND:

- Frauenleben und Frauendenken, die in vielen Bereichen der Wissenschaft bis heute ausgeklammert geblieben sind.
- Untersuchung des Frauenbildes und der Konstruktion von Weiblichkeit in der Gesellschaft; Analyse und Kritik des Androzentrismus in Wissenschaft, Kultur und Gesellschaft;
- Auseinandersetzung aus feministischer Sicht mit bereits existierenden kritisch-wissenschaftlichen Ansätzen und Theorien wie Holismus, kritischer Theorie usw.
- Entwickeln neuer Forschungsmethoden und -theorien.

Die Bücher der Schriftenreihe erscheinen im
eFeF-VERLAG, ZÜRICH